Bibliografische Information der Deutschen Nationalbibliothek:

Die Deutsche Nationalbibliothek verzeichnet diese Publikation in der Deutschen Nationalbibliografie; detaillierte bibliografische Daten sind im Internet über http://dnb.d-nb.de abrufbar.

Impressum:

Copyright © 2016 Studylab

Ein Imprint der GRIN Verlag, Open Publishing GmbH

Druck und Bindung: Books on Demand GmbH, Norderstedt, Germany

Coverbild: ei8htz

Florian Wilhelm

Konsequenzen von Private-Equity-Beteiligungen für das Human Resource Management

2014

Inhaltsverzeichnis

Abbildungsverzeichnis

Abkürzungsverzeichnis

bzw.	beziehungsweise
bspw.	beispielsweise
d.h.	das heißt
HPWP	High Performance Work Practices
HPWS	High Performance Work System
HRM	Human Resource Management
IBO	Institutional Buyout
LBO	Leveraged Buyout
MBI	Management Buyin
MBO	Management Buyout
PEG (für Singular, Plural und Genitiv)	Private Equity Gesellschaft
PU (für Singular, Plural und Genitiv)	Portfoliounternehmen
sog.	sogenannt
vgl.	vergleiche

1 Einleitung

In jüngster Vergangenheit gerieten Private Equity Gesellschaften zunehmend in die Kritik von Politikern und Gewerkschaften. In Deutschland gab Franz Müntefering, ehemaliger SPD-Vorsitzender, mit seiner Aussage

> „Manche Finanzinvestoren verschwenden keinen Gedanken an die Menschen, deren Arbeitsplätze sie vernichten - Sie bleiben anonym, haben kein Gesicht, fallen wie Heuschreckenschwärme über Unternehmen her, grasen sie ab und ziehen weiter."
>
> (Bild am Sonntag, 2005).

den Anstoß zu einer kontroversen Diskussion über das Vorgehen und die Methoden von Private Equity Gesellschaften. Die Kritiker erheben in diesem Zusammenhang den Vorwurf, dass Private Equity Gesellschaften außerordentlich hohe Renditen bei einem Private Equity Investment überwiegend zu Lasten der Mitarbeiter des akquirierten Unternehmens erzielen. Befürworter von Private Equity Investments hingegen widersprechen diesem Vorwurf mit der Behauptung, dass die Beteiligung einer Private Equity Gesellschaft unter anderem zu einem effektiveren Management, verbesserten Human Resource Praktiken und einer erhöhten Investitionsbereitschaft in das Humankapital führt (Bacon, Wright, Ball & Meuleman, 2013). Die gegensätzlichen Standpunkte zeigen deutlich, dass die Meinungen über Private Equity-Beteiligungen und deren personalwirtschaftliche Auswirkungen auf das akquirierte Unternehmen weit auseinandergehen. Die Notwendigkeit zur Klärung dieses Widerspruchs wird dadurch bestätigt, dass die Auswirkungen von Private Equity Transaktionen auf das Human Resource Management aktuell verstärkt in den Fokus wissenschaftlicher Reflexion gerückt sind (Bacon et al., 2013; Rodrigues & Child, 2010).

Das Ziel dieser Bachelorarbeit ist es, systematisch aufzuzeigen, welche Konsequenzen sich bei einer Private Equity Transaktion durch eine Private Equity Gesellschaft auf das Human Resource Management des akquirierten Unternehmens ergeben. Private Equity Transaktionen umfassen eine Vielzahl an Unterformen von Eigenkapitalinvestitionen, deshalb wird im Rahmen dieser Arbeit ausschließlich die dominanteste Form – Buyouts – thematisiert. Dabei werden die Konsequenzen für das Management und die Mitarbeiter differenziert betrachtet. Es wird zunächst gezeigt, wie eine Private Equity Gesellschaft nach einer Unternehmensübernahme durch Veränderung der Corporate Governance Strukturen des akquirierten Unternehmens das Management dahingehend diszipliniert und motiviert, in ihrem Interesse zu handeln. Im Anschluss daran wird dargelegt, dass sich in Abhängigkeit der Strategie von Private Equity Gesellschaften unterschiedliche Konsequenzen für die Mitarbeiter des akquirierten Unternehmens ergeben.

Die Arbeit ist wie folgt aufgebaut: Der erste Abschnitt enthält begriffliche Grundlagen zu Private Equity, Buyout und Human Resource Management. Der nächste Abschnitt beschäftigt sich mit den Maßnahmen der Private Equity Gesellschaft zur Interessensangleichung für das Management. Es folgen die Konsequenzen für die Mitarbeiter in Abhängigkeit der Strategie der Private Equity Gesellschaft. Abschließend werden Ergebnisse empirischer Studien dargelegt, die die Auswirkungen von Buyouts auf das Beschäftigungs- und Gehaltsniveau in Abhängigkeit der Strategie der Private Equity Gesellschaft zeigen.

2 Begriffliche Grundlagen

2.1 Private Equity: Definition und Abgrenzung

Der Begriff Private Equity findet weder in öffentlichen Diskussionen noch in wissenschaftlichen Arbeiten einen einheitliche Verwendung. Aus diesem Grund folgt zunächst eine Erläuterung des Begriffs Private Equity. Unter Private Equity versteht man jegliche Form der Kapitalbereitstellung von voll haftendem Eigenkapital durch private oder institutionelle Anleger für (meist) nicht-börsennotierte Unternehmen (Vogt, 2009). Der Begriff Private steht für die nicht-öffentliche Form dieser Anlageklasse. Das Gegenteil dazu bildet Public Equity, bei dem die Eigenkapitalbeteiligungen an öffentlichen Börsen gehandelt werden (Hehn, 2011). Equity kennzeichnet den Eigenkapitalcharakter der Anlageklasse, d.h. der Eigenkapitalgeber nimmt uneingeschränkt an Gewinn und Verlust des Unternehmens teil (Leclere, 2013). Dadurch entsteht ein hohes Risiko für den Eigenkapitalgeber, da er in Höhe seiner Beteiligung für potentielle unternehmerische Verluste haftet (Kollmann, 2008). Bei wirtschaftlichem Erfolg liegt das Gewinnpotential deutlich über der durchschnittlichen Verzinsung von Fremdkapitalanlagen (RWB Private-Capital Emissionshaus AG, o.J.). Der Begriff Private Equity beschreibt demnach eine externe, außerbörsliche Eigenkapitalzuführung. Private Equity umfasst dabei verschiedene Eigenkapitalgeschäfte, wobei eine Differenzierung hinsichtlich des Entwicklungsstadiums des Unternehmens und des damit verbundenen Investitionsrisikos gemacht werden kann. Die verschiedenen Formen von Private Equity sind unter anderem Angel Investing, Venture Capital und Buyouts (Cendrowski, Petro, Martin & Wadecki, 2012). In dieser Arbeit erfolgt ausschließlich die Betrachtung der Konsequenzen von Buyouts auf das HRM. Eine solche Eingrenzung ist sinnvoll, da Buyouts als Unterform der außerbörslichen Eigenkapitalfinanzierung einen dominanten Anteil in allen nationalen und internationalen Beteiligungsmärkten ausmachen. In Anlehnung an die Ergebnisse des Bundesverbandes Deutscher Kapitalbeteiligungsgesellschaften erfolgt nun eine Darstellung des Anteils von Buyout Investitionen innerhalb des gesamten Private Equity Marktes in Deutschland.

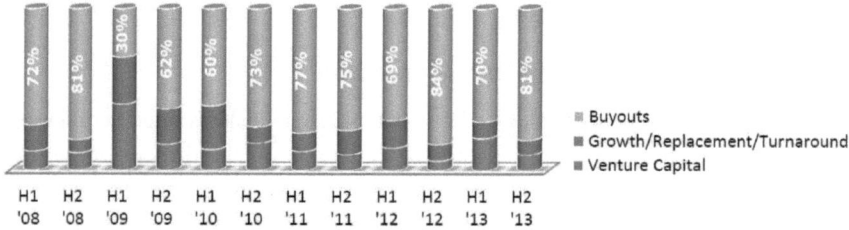

Abbildung 1: Halbjährliche Private Equity Investitionen in Deutschland seit 2008

(Quelle: Eigene Darstellung nach Bundesverband Deutscher Kapitalbeteiligungsgesellschaften, 2014)

Auch im europäischen Raum sind Buyouts die vorherrschende Form von Private Equity Investitionen. In 2007 wurden 79% des gesamten Private Equity Investitionsvermögens in Buyouts investiert. Im Jahr 2009 waren es trotz eines starken Rückgangs - auch bedingt durch die Finanzkrise - noch 53% und in 2010 waren es 71% des Investitionsvolumens der gesamten Private Equity Anlageklasse (Bundesverband Deutscher Kapitalbeteiligungsgesellschaften, 2010).

2.2 Buyout

Unter einem Buyout versteht man eine zeitlich begrenzte Unternehmensübernahme eines Unternehmens(-teils) durch einen oder mehrere Finanzinvestoren (meist Private Equity Gesellschaften, fortan PEG), gegebenenfalls unter Beteiligung eines internen bzw. externen Management Teams (Cumming, 2012). Bei einem Buyout Investment sind folgende drei Hauptakteure auszumachen: Auf der einen Seite die Investoren (sog. *Limited Partner*), die als bloße Kapitalgeber auftreten, denen ein Renditeanspruch, in der Regel aber kein Mitspracherecht hinsichtlich der Investitionsentscheidungen der PEG, zusteht (Appelbaum & Batt, 2012). Investoren sind überwiegend institutionelle Anleger, wie Pensionskassen, Investitionsfonds, Universitätsstiftungen und zu einem geringeren Anteil auch vermögende Privatanleger (Demaria, 2013) Dem gegenüber stehen die akquirierten Unternehmen als Kapitalnehmer. Als Verbindungsinstitution beider Seiten treten die Finanzintermediäre auf. Bei der Fokussierung dieser Arbeit auf Buyouts handelt es sich bei den Finanzintermediären um PEG (sog. *General Partner*) (Appelbaum & Batt, 2012). Die Limited Partner zahlen das Investitionskapital in einen sog. Private Equity Fonds (PEF) ein. Das dort gebündelte Kapital wird von der PEG genutzt, um Unternehmensübernahmen zu finanzieren (Gietl, Landau & Hungenberg, 2004). Nach der Übernahme wird das Unternehmen als Portfoliounternehmen (PU) bezeichnet. Das finanzwirtschaftliche Ziel eines Buyout Investments ist es, durch eine aktive Einflussnahme in der Haltephase (vgl. Abbildung 3) eine Wertsteigerung des akquirierten Unternehmens zu erzielen, um so einen maximalen Verkaufserlös und damit verbunden eine maximale Rendite für die Investoren und die PEG zu erzielen (Achleitner, 2001). In den letzten drei Jahren konnte für den europäischen Raum eine durchschnittliche Rendite bei Buyout Investments von 11,7 % erzielt werden (Michael Hedtstück, 2013).

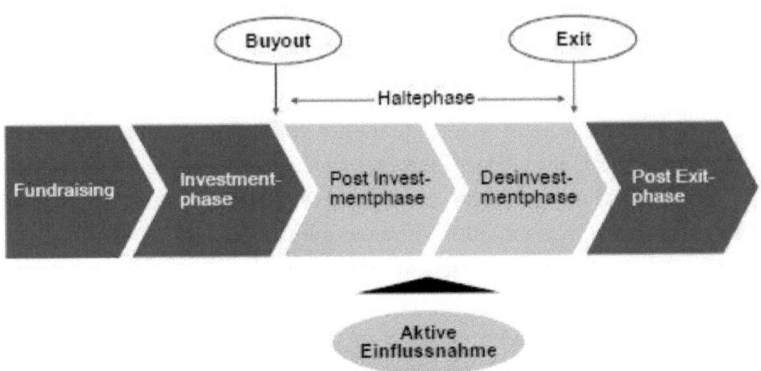

Abbildung 2: Ablauf eines Buyout Investments

(Quelle: Gietl et al., 2004)

Diese Art der Unternehmensübernahme unterscheidet sich somit von Mergers&AcquisitionsTransaktionen, da bei Buyouts keine Synergieeffekte, sondern möglichst hohe Renditen durch einen maximalen Verkaufserlös erzielt werden sollen (Zipser, 2008). Bei einem Buyout lassen sich weitere Unterformen bestimmen, welche unterschiedliche Konsequenzen auf das HRM haben. Eine Abgrenzung der verschiedenen Ausgestaltungsformen von Buyouts kann hinsichtlich der Beteiligungsstruktur und der Finanzierungsstruktur erfolgen:

- Management Buyout (MBO)
- Management Buyin (MBI)
- Institutional Buyout (IBO)
- Leveraged Buyout (LBO)

Auf Ebene der Beteiligungsstruktur wird unterschieden, welche Parteien an einem Buyout beteiligt sind (Cumming, 2012). Im Rahmen dieser Arbeit sind folgende Formen relevant: Der Begriff **Management Buyout (MBO)** findet in der Praxis und wissenschaftlichen Beiträgen oft keine einheitliche Verwendung. Nach Analyse der verschiedenen Ansätze zur Konkretisierung des Begriffs, erscheint die Definition eines MBO nach Kitzmann am geeignetsten für diese Arbeit (Kitzmann, 2005):

> Zusammenfassend wird ein MBO bestimmt als der Aufkauf eines wesentlichen Anteils an einem Unternehmen durch das bisherige Management oder einen Teil desselben, das von einer Investorengruppe [PEG] finanziell und sachlich unterstützt wird und eine gemeinsame zeitlich begrenzte Fortführung des Unternehmens zum Ziel hat. (S. 14)

Die Eigentumsstruktur des Unternehmens ändert sich somit nach der Übernahme: Das bestehende Management wird Eigentümer und behält die Leitung des operativen Geschäfts. Die Übernahme finanziert sich durch Eigenkapital des Managements, Fremdkapital von Kreditinstituten und durch privates Beteiligungskapital einer PEG (Busack & Kaiser, 2006; Eilenberger & Haghani, 2008). Die gängige Praxis ist ein Eigenkapitaleinsatz des Managements in Höhe des zwei- bis dreifachen des Jahresbruttogehalts pro Manager (Stahl & Hoffelner, o.J.). Die PEG als Eigenkapitalinvestor ist dabei grundsätzlich nicht in das operative Tagesgeschäft des akquirierten Unternehmens involviert, sondern nimmt eine aktive Rolle bei der Bestimmung der strategischen Ausrichtung des Unternehmens ein (Wirtz, 2006). Die Realisierung der Ziele wird durch entsprechende Maßnahmen (vgl. Gliederungspunkt 3) sichergestellt. Da das bisherige Management Team das „eigene" Unternehmen am besten kennt und so wirtschaftliche Chancen und Risiken gut einschätzen kann, sind MBOs im Durschnitt die risikoärmste Buyout-Anlagenform (Amess & Wright, 2007). Die zeigt sich auch dadurch, dass das Insolvenzrisiko bei MBOs signifikanter niedriger ist als bei MBIs (Wilson & Wright, 2012). Neben dem finanziellen Anreiz sind hierbei auch nicht-finanzielle Anreize des Managements maßgebend: Unternehmerische Selbstständigkeit, Entscheidungsfreiheit und der Erhalt des Arbeitsplatzes (Geidner, 2009).

Im Unterschied zum MBO erfolgt bei einem **Management Buyin (MBI)** die Unternehmensübernahme durch ein externes Management Team, d.h. das Management Team war zuvor nicht im Unternehmen beschäftigt. Im Zuge der Übernahme wird das bisherige Management ersetzt (Geidner, 2009). Hierbei besitzt das externe Management Team zwar oft eine hohes branchenspezifisches Know-How, allerdings ergibt sich unter anderem durch innerbetriebliche Widerstände oder Informationsasymmetrien auch ein höheres Risiko für Investoren (Robbie & Wright, 1996).

Treten bei einem Unternehmenskauf hingegen ausschließlich eine oder mehrere PEG auf, so spricht man von einem **Institutional Buyout (IBO)** (Geidner, 2009). Nach der Unternehmensübernahme kann die PEG das bisherige Management im Amt lassen oder durch ein neues Management Team ersetzen (Farschtschian, 2010). Das Management wird bei einem IBO meist auch am Eigenkapital des Unternehmens beteiligt, allerdings nur mit einem niedrigen Anteil, der zwar einen Anreiz schafft, den Unternehmenswert zu maximieren, aber kein gewichtiges Mitspracherecht gibt (Geidner, 2009; Weitnauer, 2013). Entscheidend ist hier, dass das Management Team nicht strategischer Partner des Buyout Investments ist.

Neben der Beteiligungsstruktur wird außerdem auch nach der Finanzierungsstruktur differenziert: Im Allgemeinen spricht man ab einer Fremdkapitalquote (Verschuldungsgrad) von > 70 % für die Kauffinanzierung von einem **Leveraged Buyout (LBO)** (Cumming, 2012). Charakteristisch ist hierbei, dass die Absicherung des Fremdkapitals und der Anleihen durch Assets, d.h. Aktivposten, wie beispielsweise Inventar, Außenstände und/oder zukünftige Cash Flows des akquirierten Unternehmens erfolgt. Somit erhöht sich der Verschuldungsgrad des akquirierten Unternehmens nach der Übernahme deutlich. (Fox & Marcus, 1992)

Insgesamt ist jedoch anzumerken, dass die Unterteilung des Buyouts in seine verschiedenen Unterformen nicht als scharfe Trennung zu verstehen ist, sondern in der Praxis oft verschiedene Mischformen auftreten. Ein Beispiel dafür ist eine überwiegend fremdkapitalfinanzierte Unternehmensübernahme durch das interne Management Team, ein sog. Leveraged Management Buyout.

2.3 Human Resource Management (HRM)

Büdenbender/Strutz definieren das Human Resource Managements als „(…) die Gesamtheit aller Aufgaben im Unternehmen, die sich auf Personalbeschaffung, Personalführung und Personalentwicklung beziehen" (Büdenbender & Strutz, 2011, S. 176). Allerdings ist auf Basis der zwei bekanntesten HRM-Konzepte, dem Harvard und dem Michigan Ansatz, eine differenzierte Betrachtung der Umsetzung des HRM erforderlich. Dazu erfolgt im Rahmen dieser Arbeit eine Betrachtung des HRM unterschieden nach Low Road und High Road HRM. In der Literatur findet man teilweise auch die Bezeichnung Hard bzw. Soft HRM, wobei dies inhaltlich dem Low bzw. High Road HRM entspricht (Gilmore & Williams, 2006). In dieser Arbeit werden die letztgenannten Begriffe verwendet.

Das **Low Road HRM**, welches thematisch dem Michigan Ansatz zuzuordnen ist, fordert eine Einbindung des HRM in die Unternehmensstrategie, sodass sich HRM Maßnahmen aus dieser ableiten, denn eine erfolgreiche Realisierung der

Unternehmensziele erfordert ein entsprechendes Mitarbeiterverhalten (Felger & Paul-Kohlhoff, 2004). Die HRM Maßnahmen sind dabei so einzusetzen, dass das geforderte Verhalten der Mitarbeiter eintritt. Kennzeichnend für HRM ist, dass die Mitarbeiter eines Unternehmens als Erfolgsfaktoren betrachtet werden, die zusammen mit den anderen Ressourcen der Unternehmung so geführt, motiviert und entwickelt werden, dass sie zum Erreichen der Ziele beitragen (Lucht, 2007). Die Ressource Personal wird bei diesem Ansatz weitestgehend verdinglicht und instrumentalisiert (Felger & Paul-Kohlhoff, 2004). Die konkreten Maßnahmen bei der Ausführung des Low Road HRM werden detailliert unter Gliederungspunkt 4.1.1. aufgezeigt.

Im Gegensatz dazu steht das **High Road HRM**, welches thematisch dem Harvard Ansatz zuzuordnen ist. Bei diesem Ansatz werden die Unternehmensziele nicht durch eine Instrumentalisierung der Mitarbeiter erreicht, sondern dadurch, dass Mitarbeiter in die Organisation bzw. Arbeitsprozesse integriert werden. Der Fokus liegt hierbei auf der Weiterentwicklung, Motivation und Beteiligung der Mitarbeiter, sodass diese ihre Ziele an die Ziele des Unternehmens anpassen (Felger & Paul-Kohlhoff, 2004). Die konkreten Maßnahmen bei der Ausführung des High Road HRM werden detailliert unter Gliederungspunkt 4.2.1. dargelegt.

In folgender Ausführung wird zunächst dargestellt, wie eine PEG durch Veränderung der Corporate Governance Strukturen im akquirierten Unternehmen die Interessendivergenzen zwischen Management und PEG minimiert, sodass das Management im Interesse der PEG handelt. Im Anschluss daran wird gezeigt, welche Konsequenzen sich in Abhängigkeit der Strategie der PEG für die Mitarbeiter des akquirierten Unternehmens ergeben.

3 Maßnahmen der Private Equity Gesellschaft - Management-ebene

Nach einer Unternehmensübernahme können die Interessen des Managements und der Eigentümer (PEG) voneinander abweichen. Es ergibt sich, bedingt durch die Trennung von Management und Eigentum ein Prinzipal-Agent-Problem, wobei die PEG als Prinzipal und das Management als Agent auftritt und ein Wissensvorsprung (Informationsasymmetrie) zugunsten des Managements besteht. Der Interessenskonflikt kann dadurch entstehen, dass das Management u.a. durch Unternehmensvergrößerung (*Empire Building*) und damit verbunden Reinvestitionen dem Nutzen maximiert und deshalb den verfügbaren Cash-Flow nicht an die PEG ausschüttet (Ernst, 2010). Die Kosten zur Überwachung und Kontrolle des Managements werden als Agency Kosten bezeichnet (Shleifer & Vishny, 1997). Um diese zu minimieren, kommt es nach Übernahme zu einer Veränderung der Corporate GovernanceStrukturen durch die PEG. Unter Corporate Governance versteht man nach Shleifer/Vishny allgemein „(...) *ways in which suppliers of finance to corporations assure themselves of getting a return on their investment.*" (Shleifer & Vishny, 1997, S. 737). Das Ziel der PEG ist es, ein opportunistisches bzw. unternehmensschädliches Handeln der Manager zu unterbinden, sodass das akquirierte Unternehmen im Interesse und nach den Vorgaben der PEG geführt wird (Wright, Wilson & Robbie, 1994). Ein MBO bzw. MBI, bei dem ein internes bzw. externes Management Team zum Miteigentümer wird, kann diesen Interessenskonflikt grundsätzlich beheben. In den meisten Übernahmefällen ist die erforderliche Investition jedoch nicht bereits durch die Einlagen des Managements gedeckt, sondern wird größtenteils über Investoren von außen (die PEG übernimmt hierbei die Rolle des Eigenkapitalinvestors für die Investoren) sowie durch Fremdkapital finanziert. In diesen Fällen wird das Prinzipal-Agenten-Problem nicht vollständig gelöst, sodass weitere Anpassungen der Corporate Governance Strukturen erforderlich sind (Jepsen, 2007).

Die Maßnahmen zur Anpassung können in finanzielle Anreizschemata, Monitoring, Mentoring, Austausch des Managements und Kontrollfunktion des Fremdkapitals unterteilt werden.

3.1 Finanzielle Anreizschemata

Finanzielle Anreizschemata zur Interessensangleichung nach Übernahme beinhalten häufig Mitarbeiterbeteiligungsprogramme (bspw. Eigenkapitalbeteiligungen) und eine überwiegend leistungsbezogene Entlohnung des Managements (Geidner, 2009). Eine Eigenkapitalbeteiligung ist bei einem MBO bzw. MBI nicht erforderlich, da das Management Team als (Mit)Eigentümer ohnehin schon am Eigenkapital des akquirierten Unternehmens beteiligt ist. Durch Eigenkapitalbeteiligung werden die Interessen von Management und Eigentümer kongruent, sodass die Agency-Kosten verringert werden (Muscarella. Chris & Vetsuypens, 1990). So ergibt sich als Vergütungssystem für Manager oft eine Kombination aus Fixgehalt und Eigenkapitalbeteiligung (Clark, 2009). Durch die Eigenkapitalbeteiligung werden die Manager zu Miteigentümern und sind an positiven, aber auch negativen Entwicklungen des Unternehmens voll beteiligt, d.h. die Steigerung des Eigenkapitalwertes wird zum Primärziel des Managements (Masulis & Thomas, 2009). Eine Eigenkapitalbeteiligung der Manager *„(...) directly increases the personal costs of inefficiency"* (Smith, 1990, S. 21) und führt dadurch zu einer Fokussierung der Manager auf das Bilden von Wettbewerbsvorteilen und Wertschöpfungsprozessen. Eine Untersuchung der Auswirkungen von Buyouts auf die Unternehmensperformance kommt zu dem Ergebnis, dass eine Eigenkapitalbeteiligung der Manager zu besseren Operativ- und Investitionsentscheidungen führt (Easterwood, Seth & Singer, 1989). Weiter konnte von Phan/Phil aufgezeigt werden, dass eine Eigenkapitalbeteiligung des Managements einen geringeren Diversifikationsgrad und einen Anstieg der operativen und strategischen Dezentralisierung des akquirierten Unternehmens bedingt (Phan & Hill, 1995). Insgesamt kann ein positiver Zusammenhang zwischen der Eigenkapitalbeteiligung des Managements und der wirtschaftlichen Ertragskraft des akquirierten Unternehmens festgestellt werden (Thompson, Wright & Robbie, 1992).

Neben der Eigenkapitalbeteiligung dienen auch leistungs-/performancebezogene Entlohnungssysteme des Managements zur Reduzierung der Agency Kosten (Bruining & Wright, 2002). Die Entlohnungssysteme werden so angepasst, dass damit das angestrebte Ziel der PEG – eine Erhöhung des Unternehmenswertes - unterstützt wird. Dies kann unter anderem durch eine Kopplung der Vergütung an die positive Entwicklung des Cashflows oder der Schuldentilgung erfolgen (Jensen, 1989). Ein weiteres Instrument der erfolgsabhängigen Vergütung ist das Equity Ratchet: Eine Vergrößerung oder Verkleinerung des Eigenkapitalanteils des Managements abhängig davon, in welchem Maße die Zielvorgaben der PEG erreicht wurden (Yates & Hinchliffe, 2010). Wichtig ist hierbei, dass das Equity Ratchet so konzipiert ist, dass die Umsetzung der Zielvorgaben nicht zu Lasten des mitteloder langfristigen Wertschöpfungsprozess erfolgt, bspw. durch kurzfristig orientierte Personalfreisetzungen oder Desinvestitionen (Boué, Kehlbeck & Leonhartsberger-Heilig, 2012).

Es ist zu berücksichtigen, dass finanzielle Anreizschemata für das Management auch negative Auswirkungen auf ein Unternehmens haben können. So kann eine erhöhte Eigenkapitalbeteiligung zu einer Risikoaversion bei Investitionsentscheidungen des Managements führen und somit zu Ineffizienzen beitragen, die letztendlich die wirtschaftliche Ertragskraft des Unternehmens reduzieren (Fama & Jensen, 1985).

3.2 Monitoring

Eine weitere Maßnahme der PEG, um die Umsetzung und Entwicklung der vorgegebenen Ziele zu verfolgen, ist das Monitoring. Eine hohe Eigenkapitalbeteiligung der PEG und das Ziel einer maximalen Wertsteigerung im Unternehmen bilden einen Anreiz für die PEG, die Aktivitäten des Managements zu überwachen. Dies erfolgt (meist) indirekt über den Aufsichtsrat, Beirat oder ein vergleichbares Gremium (abhängig von der Unternehmensform; aus Vereinfachungsgründen wird fortan der Begriff Aufsichtsrat verwendet) des akquirierten Unternehmens (Geidner, 2009). Die Aufgabe eines Aufsichtsrates ist dabei grundsätzlich die Überwachung und Kontrolle des Managements eines Unternehmens. Je nach Höhe der Eigenkapitalbeteiligung besetzt die PEG einen oder mehrere Sitze im Aufsichtsrat des akquirierten Unternehmens (Hehn, 2011). Meist besitzt die PEG die Stimmenmehrheit im Aufsichtsrat und hat somit einen starken Kontrolleinfluss auf das Management (Jensen, 1989). Im Zuge eines Buyouts kommt es regelmäßig zu einer Neuaufsetzung und/oder einer Umstrukturierung des Aufsichtsrates. Aufsichtsräte werden nach der Übernahme oft verkleinert, um ein schnelleres und effizienteres Handeln zu ermöglichen und damit die Kontrollfunktion der PEG weiter zu verstärken (Acharya, Gottschalg, Hahn & Kehoe, 2013). Mit der gleichen Begründung kommt es nach Unternehmensübernahmen auch häufig zu verkürzten Sitzungsintervallen des Aufsichtsrates (Weber, 2006). Bruining et al. stellten fest, dass PEG in der Regel eine wesentlich aktivere Rolle im Aufsichtsrat einnehmen als die vorherigen Eigentümer des Unternehmens (Bruining, Bonnet & Wright, 2004). Als Teil des Aufsichtsrates erhält die PEG direkten Zugang zu internen Unternehmensdaten, wodurch eine Beurteilung des Managements vereinfacht wird (Berg & Gottschalg, 2005). Dies wird unterstützt durch einen (zumeist) verpflichtenden Informationsaustausch zwischen Management und der PEG (Geidner, 2009). Ein effizientes Monitoring ist sowohl in wirtschaftlich starken als auch schwachen Unternehmen aus gegenteiligen Gründen durchzuführen: In erfolgreichen Unternehmen besteht die Gefahr, dass Manager aufgrund der Eigenkapitalbeteiligung eine Risikoaversion entwickeln, um den erreichten Unternehmenserfolg zu konservieren. Bei Unternehmen mit geringerem wirtschaftlichen Erfolg besteht die Möglichkeit, dass Manager zu risikofreudig agieren und somit dem Unternehmen schaden (Wright, Hoskisson, Busenitz & Dial, 2001). Das Monitoring dient der PEG dazu, eine negative Entwicklung der wirtschaftlichen Ertragskraft oder ein Fehlverhalten des Managements zu identifizieren und das Management gegebenenfalls teilweise oder vollständig auszutauschen (Ernst, 2010). Jensen kommt zu dem Ergebnis, dass ein aktives Monitoring zu einer Leistungssteigerung des Managements und damit einhergehend zu einem Anstieg der Unternehmensperformance führt (Jensen, 1993).

3.3 Mentoring

Oft übernehmen PEG zusätzlich eine Mentoring-Funktion für das Management des akquirierten Unternehmens. Durch den Eigenkapitalanteil der PEG kann auch hier ein erhöhter Anreiz gesehen werden, das Management zu unterstützen. Berg/Gottschlag definieren Mentoring als eine aktive Unterstützung und Beratung durch die PEG, wobei Intensität und Umfang des Mentorings zwischen den PEG variieren. Sie beschreiben Mentoring außerdem als einen wichtigen Beitrag zur Wertsteigerung im akquirierten Unternehmen (Berg & Gottschalg, 2005). Das Mentoring umfasst allgemein eine qualifizierte Beratung und das Bereitstellen des vorhandenen Netzwerkes der PEG. Durch intensive Zusammenarbeit kann eine PEG zu verbesserten Entscheidungen beitragen und potentielle Fehlentscheidungen des Managements verhindern bzw. schneller und effektiver berichtigen (Geidner, 2009). Die Unterstützung und Beratung durch die PEG erfolgt zum einen durch die Vertretung der PEG im Aufsichtsrat und zum anderen auf einer direkten und informellen Kommunikationsebene mit dem Management (Baker & Wruck, 1989). Dabei wird beim Mentoring zwischen sog. „Hands-on-Investoren" und „Hands-off-Investoren" unterschieden. Hands-on-Investoren bieten ein großes Portfolio an Beratungstätigkeiten an und zielen auf eine intensive Zusammenarbeit mit dem Management ab. Sie nehmen eine beratende Funktion unter anderem hinsichtlich strategischer und finanzieller Aspekte ein (Bruining & Wright, 2002). PEG mit enggefächertem Beratungsportfolio und begrenzter Zusammenarbeit mit dem Management werden hingegen als Hands-off-Investoren bezeichnet. Diese beschränken sich auf die Durchführung der Unternehmenstransaktion und der Beratung ausschließlich bei finanziellen Aspekten (Sharp & Shinder, 2003). Durch die wachsende Konkurrenz von PEG auf dem Markt der Unternehmensübernahmen verfolgen PEG zunehmend Hands-on Strategien (Geidner, 2009). In welchem Umfang die PEG eine aktive Unterstützung für das Management im akquirierten Unternehmen leistet, hängt von der Qualität des Managements ab. Eine weitere Restriktion für Mentoring ist die Rentabilität solcher Maßnahmen. Höherer Betreuungsaufwand ist mit höheren Kosten für die PEG verbunden (Davidson, 2005). Üblich ist eine intensive Betreuung des Managements zu Beginn der Übernahmetransaktion, am Ende der Haltephase und während der Exitphase (Baker & Smith, 1998). Die Effektivität des Mentorings ist dabei von zwei Faktoren abhängig: Der Kooperationsbereitschaft des Managements und dem Know-How der PEG (Berg & Gottschalg, 2005). Meier, Hiddemann und Brettel zeigen in einer Studie, dass aktive Unterstützung und Beratung durch die PEG zu einem signifikanten Anstieg der wirtschaftlichen Ertragskraft des PU führte (Meier, Hiddemann & Brettel, 2006).

3.4 Austausch des Managements

Die Qualität des Managements ist ein kritischer Faktor, der das Ziel eines Buyout Investments, die maximale Steigerung des Unternehmenswertes, gefährden kann (Katzer, 2007). Dieser Abschnitt bezieht sich nicht auf Unternehmensübernahmen mittels MBO bzw. MBI, da hier das interne bzw. externe Management Team als strategischer Partner der Übernahmetransaktion auftritt und somit während des Beteiligungszeitraums bestehen bleibt. Zur Bewertung des Managements dienen einerseits tatsachenbezogene Indikatoren, wie bspw. ein Leistungsnachweis (*Track Record*) der Vergangenheit, aber auch schwer zu identifizierende Faktoren, wie Motivation, Engagement oder Enthusiasmus (*Hidden Characteristics*) (Katzer, 2007; Roger, Holland & Haas, 2002). Eine akkurate Beurteilung des Managements ist daher stark von der Erfahrung und den Fähigkeiten der PEG abhängig. Entscheidend ist hier, dass die gegebenen Indikatoren richtig analysiert und interpretiert werden (*Screening*) (Roger et al., 2002). Sollte im Rahmen des Screening Prozesses, oder im Zuge des Monitorings bzw. Mentorings festgestellt werden, dass das bestehende Management nicht in der Lage ist, den Anforderungen der PEG gerecht zu werden, oder dass die Zielvorgaben nicht erreicht werden, wird das Management Team teilweise oder auch vollständig ersetzt (Asel, 2010). Abbildung 4 verdeutlicht, dass diese Maßnahme in der Praxis häufig auftritt. Eine Studie aus 2006 von Ernst & Young zeigt, dass das Management bei 74% der untersuchten Buyouts in den USA und bei 68% der untersuchten Buyouts in Europa ausgetauscht wurde. Eine Differenzierung wurde noch dahingehend vorgenommen, wann der Austausch stattgefunden hat: zu Beginn der Übernahmetransaktion, zu Beginn und während der Beteiligungsphase, oder ausschließlich während der Beteiligungsphase. Die Grafik zeigt, dass der Austausch des Managements durch die PEG in mehr als der Hälfte der Fälle bereits bei Beginn der Unternehmensübernahme stattfand (Ernst & Young, 2006).

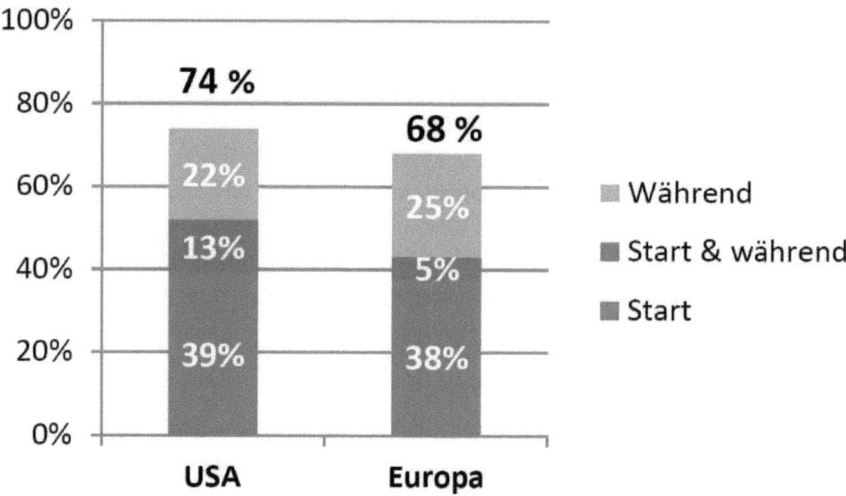

Abbildung 3: Austausch des Managements USA – Europa

(Quelle: Ernst & Young, 2006)

Zudem konnte festgestellt werden, dass es einen signifikant positiven Zusammenhang zwischen dem Austausch des Managements zu Beginn der Unternehmensübernahme und einer Performancesteigerung im akquirierten Unternehmen gab.

3.5 Kontrollfunktion des Fremdkapitals

In folgendem Abschnitt wird dargelegt, wie eine PEG durch einen hohen Fremdkapitalanteil bei der Unternehmensakquisition eine Reduzierung der Interessenasymmetrie erreichen kann (Jensen, 1986). Durch einen hohen Anteil an Fremdkapital werden Zins- und Tilgungszahlungen fällig, deren Höhe und Auszahlungszeitpunkt, anders als Cash-Flow Auszahlungen an Eigenkapitalinvestoren, nicht durch das Management beeinflusst werden können und damit als fremdbestimmte Zielvorgabe für das Management angesehen werden können. So wird die Möglichkeit, in unrentable Investitionsprojekte zu investieren, begrenzt. Der Verschuldungsgrad des akquirierten Unternehmens spielt somit eine wesentliche Rolle bei der Ausrichtung der Interessen des Managements an den Interessen der PEG (Ernst, 2010). Baker/Wruck liefern eine zusätzliche Erklärung: Die disziplinierende Wirkung eines hohen Verschuldungsgrades bewegt das Management dazu, verbleibende liquide Mittel, nach Zins- und Tilgungszahlungen, effizienter und effektiver einzusetzen und so einen Beitrag zur Maximierung des Unternehmenswertes zu leisten (Baker & Wruck, 1989). Eine Studie von Ravenscraft/Long zeigt, dass Buyouts mit einem hohen Verschuldungsgrad einen signifikant höheren Anstieg der operativen Performance aufweisen als Unternehmen mit einer niedrigeren Fremdkapitalquote (Ravenscraft & Long, 1993). Auch Amess/Wright konnten eine verbesserte wirtschaftliche Ertragskraft nach einer fremdkapitalfinanzierten Unternehmensübernahme feststellen (Amess & Wright, 2007). Diese Befunde zeigen, dass eine hohe Fremdkapitalquote zu einem starken Disziplinierungseffekt für die Manager führt, sodass dadurch die Unternehmensperformance signifikant gesteigert werden kann. Ergänzend dazu führen auch die Monitoring Maßnahmen der Kreditgeber zu einem effizienteren Management. Im Kreditvertrag sind meist Verhaltens- und Informationspflichten festgelegt, bei deren Verletzung oder Missachtung Sanktionen für das Management resultieren (Diem, 2013). Die Kreditgeber verfolgen dabei das Ziel, sicherzustellen, dass das Unternehmen in der Lage sein wird, seinen Zahlungsverpflichtungen auch nachzukommen (Thompson et al., 1992). Weiter bedingt der hohe Verschuldungsgrad des Unternehmens eine erhöhte Insolvenzgefahr (Seeburger, 2010). Dies hat grundsätzlich zwei Effekte: Zum Einen veranlasst das erhöhte Insolvenzrisiko die Manager dazu, härter zu arbeiten und bessere Investitionsentscheidungen zu treffen, da im Falle einer Insolvenz der Arbeitsplatz verloren geht und dadurch die Reputation leidet (Berg & Gottschalg, 2005). Zum anderen kann eine erhöhte Insolvenzgefahr, verbunden mit dem permanenten Druck zur Generierung positiver Cash Flows, zu einer verstärkten Risikoaversion der Manager führen, sodass das Management riskante, aber für das PU potenziell wertschöpfende Investitionsobjekte unterlässt, um Zins- und Tilgungsverpflichtungen nachkommen zu können (Kester & Luehrman, 1995). Das Auslassen solcher Investitionen kann gegebenenfalls die Reaktionsfähigkeit auf Marktveränderungen oder potenzielle Wachstumschancen stark beschränken (Berg & Gottschalg, 2005). Den positiven Folgen eines hohen Verschuldungsgrades auf die Agency Kosten stehen also potentiell negative Auswirkungen auf das Investitionsverhalten des Unternehmens gegenüber. Weiter wurde festgestellt, dass die aktive Kontrolle durch eine PEG denselben positiven Effekt auf das Management hat, ohne dabei die negativen Konsequenzen eines hohen Verschuldungsgrades zu verursachen (Cotter & Peck, 2001).

4 Maßnahmen der Private Equity Gesellschaft - Mitarbeiterebene

Unbestritten ist, dass durch ein Buyout Investment potentiell hohe Renditen für die Investoren und die PEG erzielt werden können (Cumming, Siegel & Wright, 2007). Welche (negativen) HRM-Konsequenzen sich durch einen Buyout für die Angestellten des akquirierten Unternehmens ergeben, wird in jüngster Vergangenheit dagegen kontrovers diskutiert. Auf der einen Seite erheben Kritiker von Buyouts den Vorwurf, dass PEG so hohe Renditen erzielen können, indem sie eine Wertsteigerung des akquirierte Unternehmen durch Einsparungen bei Personalkosten, meist durch Mitarbeiterentlassungen, und einem Top-Down Managementstil erzielen und das Unternehmen somit gewinnbringend, aber auf Kosten der Mitarbeiter, verkaufen. In diesem Zusammenhang werden PEG oftmals als „Parasiten" und „Heuschrecken" bezeichnet (Bacon et al., 2013). Auf der anderen Seite gibt es Befunde, die zeigen, dass PEG auch durch ein effektiveres Management, verbesserte HR Praktiken und eine erhöhte Investitionsbereitschaft in das Humankapital, eine verbesserte Unternehmensperformance erreichen (Bruining, Boselie, Wright & Bacon, 2005). Eine Generalisierung von Buyout Investments kann somit zu einem verzerrten Bild hinsichtlich der Konsequenzen auf das HRM führen. Rodrigues und Child haben ein geeignetes Modell für eine differenzierte Betrachtungsweise von PEG entwickelt: Die unterschiedlichen Konsequenzen für das HRM werden in Abhängigkeit davon untersucht, ob die PEG eine Asset Extraction Strategie in Verbindung mit einem kurzfristen Anlagehorizont oder eine Asset Renewal Strategie mit einem langfristigen Anlagehorizont verfolgt (Rodrigues & Child, 2010). Weitere Modelle und Studien bestätigen, dass eine solche Trennung in Extraction und Renewal ein praktischer Ansatz ist. Wright, Hoskisson und Busenitz postulieren in ihrem Modell eine Abhängigkeit der HRM Maßnahmen von der Dauer des Anlagehorizonts der PEG (Wright, Hoskisson, Busenitz & Dial, 2000). Clark findet in einer Studie einen Zusammenhang zwischen negativen HRM Implikationen und einem kurzen Anlagehorizont der PEG (Clark, 2009). Auch Bruining stellt mit seiner Unterscheidung von Kostenreduzierung und Investitionsansatz abhängig vom Anlagezeitraum unterschiedliche Folgen für die Mitarbeiter des akquirierten Unternehmens fest (Bruining et al., 2005). In all den genannten Ansätzen wird also von einer Heterogenität der PEG ausgegangen, d.h. für einen kurzen bzw. langen Anlagezeiträume ergeben sich gegensätzliche Konsequenzen auf das HRM im akquirierten Unternehmen (Wright, Bacon & Amess, 2009b). In Anlehnung an Bacon et al. spricht man von einem kurzen Anlagehorizont bei < 4 Jahren, wobei dies als Richtwert und nicht als trennscharfe Grenze anzusehen ist (Bacon, Wright, Meuleman & Scholes, 2012; The Party of European Socialists, 2007).

Eine Studie über den Zeitraum von 1989 bis 2011 des Bundesverbandes Deutscher Kapitalbeteiligungsgesellschaften für den deutschen Buyout Markt zeigt, dass 54% der untersuchten Buyouts einen (nach eben genanntem Richtwert) kurzfristigen und 46% einen langfristigen Anlagehorizont verfolgten (Bundesverband Deutscher Kapitalbeteiligungsgesellschaften, 2012). Zu einem vergleichbaren Ergebnis kommt eine paneuropäische Studie von 2597 Buyouts aus dem Jahr 2008 (European Private Equity & Venture Venture Capital Association, 2008).

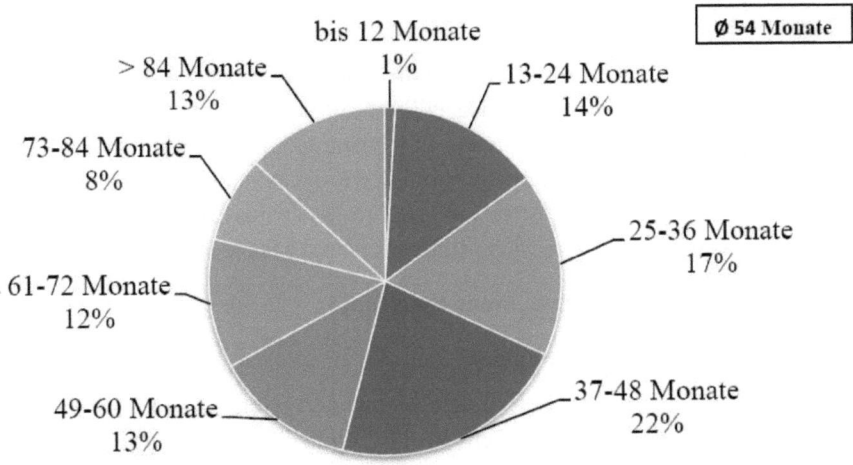

Abbildung 4: Anlagehorizont Buyouts Deutschland 1989 – 2011

(Quelle: Eigene Darstellung nach Bundesverband Deutscher Kapitalbeteiligungsgesellschaften, 2010)

Nach Rodrigues und Child kann eine PEG zwei Strategien verfolgen, um eine Wertsteigerung im Portfoliounternehmen zu generieren. Die Strategie ist dabei vom Anlagehorizont abhängig. Ein kurzer Anlagehorizont der PEG führt oft zum Einsatz der **Asset Extraction Strategie** (Rodrigues & Child, 2010). Dies beinhaltet u.a. Mitarbeiterentlassungen, eine erhöhte Arbeitsintensität, Kosteneinsparungen, Veräußerung von nicht zum Kerngeschäft gehörenden Geschäftsfeldern, Kurzarbeit (befristete Arbeitsverträge) und eine Verschlechterung des Beschäftigungsverhältnisses zwischen Management und Angestellten (Bacon et al., 2013). Das Ziel ist hier eine schnelle Effizienzsteigerung des PU zu erlangen. Durch Kosteneinsparungen kann das Betriebsergebnis verbessert werden, um so so einen

Beitrag zur Wertsteigerung zu leisten (Landau, 2010). Eine andere Ausrichtung ergibt sich, wenn die PEG einen langen Anlagehorizont für das akquirierte Unternehmen verfolgt: Hier hat die PEG die Absicht, das vorhandene Humankapital weiterzuentwickeln, um durch ein gesteigertes Innovationsvermögen eine Wertsteigerung des PU zu schaffen. Dafür verfolgt die PEG oft eine **Asset Renewal Strategie**. Auch hier erfolgt eine Personalfreisetzung, jedoch mit dem Ziel, die freigewordenen Kapazitäten in das Humankapital des Unternehmens zu reinvestieren. Weiter erfolgt u.a. der Einsatz von High Performance Work Practices (HPWP), Investitionen in das Humankapital und ein positives Beschäftigungsverhältnis zwischen Arbeitnehmern und Management (Bacon et al., 2013; Rodrigues & Child, 2010).

In nachfolgendem Abschnitt werden nun die beiden Strategien Asset Extraction und Asset Renewal vorgestellt und detailliert aufgezeigt, welche Unterschiede sich für Angestellten des Unternehmens in Abhängigkeit der gewählten Strategie der PEG ergeben. Es wird zunächst aufgezeigt, wie die Mitarbeiter durch die Restrukturierungsmaßnahmen betroffen sind und im Anschluss daran, wie sich die Beschäftigungsbeziehung zwischen Mitarbeitern und Management verändert.

4.1 Asset Extraction (Kurzer Anlagehorizont)

4.1.1 Organisationale Restrukturierung

Bei der Umsetzung einer Asset Extraction Strategie verfolgt die PEG einen kurzen Anlagehorizont mit dem Ziel, schnell eine Effizienzsteigerung des Unternehmens durch Kosteneinsparungen zu generieren. Nach herrschender Meinung kommt es bei der Implementierung einer Asset Extraction Strategie zu einem Low Road HRM für die Mitarbeiter des akquirierten Unternehmens (Clark, 2009; Rodrigues & Child, 2010).

Die zentralen Bestandteile eines solchen kostenminimierenden Strategieansatzes sind Personalfreisetzungen und eine negative Entwicklung von Gehältern und Arbeitsbedingungen (Gilmore & Williams, 2006). Nach Börsch ergeben sich in Anlehnung an das Shareholder Value Konzept folgende Maßnahmen: eine Konzentration auf den Kernmarkt, Verkauf oder Schließung nicht zum Kerngeschäft gehörender Geschäftsbereiche, sowie eine Beschränkung der Handlungsfreiheit für Mitarbeiter durch Zielvorgaben und Kontrollen (Börsch, 2004). Nach der Unternehmensübernahme kommt es zunächst zu Entlassungen durch Outsourcing in Form von Verkauf oder Schließung nicht-wertschöpfender Abteilungen (Espino-Rodríguez & Padrón-Robaina, 2006). Allerdings können Personalfreisetzungen vor dem (bloßen) Hintergrund der Kosteneinsparung auch negative Konsequenzen aus Sicht der PEG haben: Erfahrene Mitarbeiter verfügen über sogenanntes implizites Wissen, das heißt personenspezifisches Know-How über die Firma. Dieses implizite Wissen kann ein wichtiger Wettbewerbsvorteil eines Unternehmens sein. Geht bei Entlassungen implizites Wissen verloren, kann dies die langfristige Wettbewerbsfähigkeit des Unternehmens gefährden (Child, Faulkner & Pitkethly, 2003; Rodrigues & Child, 2010).

Neben den Personalfreisetzungen kommt es auch zu negativen Implikationen für die verbleibende Mitarbeiterschaft. Restrukturierungsmaßnahmen können dazu führen, dass Mitarbeiter versetzt und/oder degradiert werden. Bedingt durch die Restrukturierung entsteht so eine geringe Arbeitsplatzsicherheit bei den verbleibenden Mitarbeitern (Clark, 2009; Rodrigues & Child, 2010). Weiter kommt es zu einer erhöhten Arbeitsbelastung für die Mitarbeiter, um so einen Beitrag zur Wertsteigerung durch einen Produktivitätsanstieg zu generieren. Die verbliebenen Mitarbeiter müssen die Arbeitsleistung der entlassenen Mitarbeiter kompensieren (Bacon, Wright, Demina, Bruining & Boselie, 2008; Gilmore & Williams, 2006). Zudem wird oft ein Top-Down Managementstil eingeführt, d.h. die Problemidentifikation und/oder die Entwicklung von Verbesserungspotentialen werden von der PEG bzw. dem Management erarbeitet und ausschließlich die Umsetzung wird „nach unten" an die Mitarbeiter delegiert. Durch Zielvorgaben und Kontrollen des Managements wird die Selbstständigkeit der Mitarbeiter weiter begrenzt. Dies spiegelt auch den Grundsatz der Instrumentalisierung der Mitarbeiter wider (Amess, Brown & Thompson, 2007).

Außerdem kommt es bei Umsetzung der Asset Extraction Strategie zu Kosteneinsparungen. Diese beinhalten unter anderem eine Einschränkung der Ausgaben für Personalentwicklung, Training, Weiterbildungen und einen Abbau des Organizational Slacks (Landau, 2010). Nohria/Gulati beschreiben den Organizational Slack als die Ressourcen im Unternehmen, die über das mindestens notwendige (Ressourcen-) Niveau hinausgehen, um eine gegebene Menge an Output zu produzieren. Beispiele für diese über das Mindestniveau hinausgehenden Ressourcen sind unter anderem Überkapazitäten an Mitarbeitern, Leerkapazitäten von Anlagen, oder auch ungenutzte Chancen zur Absatz- bzw. Umsatzsteigerung oder Markterweiterung (Tiwari, 2003). Eine Zunahme des Organizational Slacks kann innovationsfördernd wirken (Nohria & Gulati, 1996). Bei einer Asset Extraction Strategie soll eine Wertsteigerung des akquirierten Unternehmens nicht durch bessere bzw. innovativere Mitarbeiter, sondern durch Kosteneinsparungen und eine Effizienzsteigerung erzielt werden. Die reduzierten Kosten führen zu einem verbesserten Betriebsergebnis, wodurch insgesamt ein Anstieg des Unternehmenswertes erreicht werden kann (Landau, 2010).

Wie gezeigt werden konnte, wird bei der Anwendung der Asset Extraction Strategie eine Wertsteigerung zu Lasten der Mitarbeiter erzielt. Die aufgezeigten HR Maßnahmen im Rahmen der Asset Extraction Strategie sind als überwiegend mitarbeiterfeindlich anzusehen und zielen darauf ab, eine Effizienzsteigerung durch niedrige Löhne, niedrige Qualifizierung und geringe Entscheidungsfreiheit zu generieren (Bacon & Blyton, 2000). In der Literatur wird diese Art des Buyouts auch treffend als *"(...)zero-sum game with value transferred to shareholders at the expense of workers (...)"* beschrieben (Appelbaum & Batt, 2012, S. 8). Es wurde festgestellt, dass bei Management Buyins überwiegend ein solcher Strategieansatz verfolgt wird (Bacon et al., 2013; Bacon, Wright & Demina, 2004; Rodrigues & Child, 2010).

4.1.2 Arbeitsbeziehung zwischen Management und Mitarbeitern

Im Rahmen der organisationalen Umstrukturierungsmaßnahmen bei einer Asset Extraction Strategie wird die Arbeitsbeziehung zwischen Management und Mitarbeitern des akquirierten Unternehmens negativ beeinflusst, es findet ein Vertrauensbruch zwischen den beiden Seiten statt (Bacon et al., 2013; Rodrigues & Child, 2010). Ein Vertrauensbruch entsteht dadurch, dass implizite Vertragsvereinbarungen nach einer Unternehmensübernahme nicht eingehalten werden. Mit „implizit" sind stillschweigende, meist mündlich abgeschlossene Vertragsvereinbarungen zwischen Arbeitnehmer und Arbeitgeber gemeint. Inhaltlich umfassen diese impliziten Arbeitsverträge meist Absprachen hinsichtlich Tätigkeitsbeschreibung, Lohn- und Gehaltsvereinbarungen, Bonuszahlungen oder Altersvorsorge der Mitarbeiter (Talmor & Vasvari, 2011). Solche Vereinbarungen kommen oft implizit zustande, da es zum einen zu teuer ist, jedes Detail der Arbeitgeber-ArbeitnehmerBeziehung (explizit) schriftlich auszuformulieren, und zum anderen in schriftlicher Form die Einsatzflexibilität der Mitarbeiter stark einschränken würde (Rodrigues & Child, 2010). Durch eine Unternehmensübernahme einer PEG werden die Manager des akquirierten Unternehmens durch finanzielle Anreize wie Bonuszahlungen, Aktienoptionen, und Gewinnbeteiligungen dazu motiviert, implizite Verträge zu brechen, auf Kosten von Vertrauen zwischen Managern, Eigentümern und Mitarbeitern (Shleifer & Summers, 1988). Das Ziel ist hierbei Kosten einzusparen, um so die Rendite der PEG zu vergrößern (Talmor & Vasvari, 2011). Ein Vertrauensverlust der Mitarbeiter in das Management kann auch dadurch entstehen, dass die Personalfreisetzungen und die organisationale

Restrukturierung als Versagen des Managements interpretiert werden. Man spricht in diesem Zusammenhang auch von einer Verletzung eines psychologischen Vertrags durch das Management (Robinson, 1996). Ein Vertrauensbruch nach der Übernahme kann unter Umständen dazu führen, dass Mitarbeiter sich dazu entscheiden, auf Grund des Bruchs das Unternehmen zu verlassen. Dadurch kann wertvolles Humankapital verloren gehen (Rodrigues & Child, 2010). Insgesamt entsteht durch den Umstrukturierungsprozess auf Basis einer Asset Extraction Strategie so ein „Klima des Misstrauens" zwischen Angestellten und Managern (Feldheim & Liou, 1998). Auf dieser Basis ergeben sich durch eine Asset Extraction Strategie eine niedrigere Arbeitsmoral und eine geringe Unterstützung für das neue Management, wodurch auch die Unternehmensperformance nachhaltig negativ beeinflusst werden kann (Shleifer & Summers, 1988). Insbesondere bei Unternehmensübernahmen mit einer ausschließlich externen Beteiligungsstruktur, wie MBIs oder IBOs, kommt es oft zur Nicht-Einhaltung der impliziten Abmachungen. Dies kann dadurch erklärt werden, dass ein externes Management Team im Gegensatz zu einem internen Management Team, eine geringere moralische Verpflichtung verspürt, die Vereinbarungen nach der Übernahme anzuerkennen (Rodrigues & Child, 2010).

4.2 Asset Renewal Strategie (Langer Anlagehorizont)

4.2.1 Organisationale Restrukturierung

Die Asset Renewal Strategie kann als gegenläufiger Ansatz zur Asset Extraction Strategie angesehen werden, da ein langfristiger Anlagehorizont von der PEG verfolgt wird. Nach herrschender Meinung wird hier ein High Road HRM für die Mitarbeiter des akquirierten Unternehmens implementiert (Bacon et al., 2013; Rodrigues & Child, 2010). Auch hier kommt es zunächst zu Personalfreisetzungen bedingt durch Veräußerung unprofitabler Geschäftseinheiten nach der Unternehmensübernahme, allerdings unterscheiden sich die Strategien zur Wertsteigerung maßgeblich voneinander. Das Ziel besteht hierbei allgemein ein nachhaltiges Wachstum der Organisation zu generieren, um so eine Wertsteigerung bzw. eine maximale Rendite zu erzielen (Bacon et al., 2013; Rodrigues & Child, 2010). Auch wenn die PEG nur temporär Eigentümer des akquirierten Unternehmens ist, zielt ein nachhaltiges Wachstum des akquirierten Unternehmens darauf ab, einen erhöhten Verkaufserlös aus dem Buyout Investment zu erzielen (Cumming, 2012). So schafft die Asset Renewal Strategie die allgemeinen organisationalen Rahmenbedingungen, um durch gesteigertes Innovationsvermögen der Mitarbeiter eine positive Entwicklung des Unternehmenswertes zu generieren. Hierbei erfolgt (oft) eine organisationale Transformation in ein sog. **High Performance Work System (HPWS)** und damit verbunden der Einsatz von **High Performance Work Practices (HPWP)** (Bacon et al., 2013).

In einer Studie von Bacon et al. von 190 europäischen Buyouts wurde eine Analyse durchgeführt (unabhängige Variable: Anlagehorizont; abhängige Variable: HPWP), die unter anderem den Zusammenhang zwischen dem Anlagehorizont der PEG und dem Einsatz von HPWP überprüft. Dafür wurde die Anzahl von HPWP vor der Unternehmensübernahme und danach untersucht. Wie Abbildung 6 zeigt, konnte ein signifikanter Anstieg der HPWP bei einer Halterdauer 4-5 Jahre (bei einem Signifikanzniveau $\alpha = 0,1$ %) und einer Haltedauer 6 > Jahre (bei einem Signifikanzniveau $\alpha = 0,1$ %) festgestellt werden. Bei einem Anlagezeitraum von < 3 Jahren konnte hingegen nur eine marginale Veränderung des Einsatzes von HPWP nachgewiesen werden (Bacon et al., 2012). Dieses Ergebnis bestätigt, dass mit zunehmender Beteiligungsdauer der PEG der Einsatz von HPWP steigt.

Anlagehorizont	N	HPWP bevor Übernahme	HPWP nach Übernahme
< 3 Jahre	34	7,62	7,97
4-5 Jahre	111	7,34	8,77
> 6 Jahre	36	6,92	9,27

Abbildung 5: Zusammenhang zwischen Anlagehorizont und HPWP

(Quelle: Bacon et al., 2012)

Nadler et al. definieren ein HPWS wie folgt (Nadler, Gerstein & Shaw, 1992):

> An High Performance Work System is an organizational architecture, that brings together work, people, technology and information in a manner, that optimizes the congruence of fit among them in order to produce high performance in terms of effective response to customer requirements and other environ mental demands and opportunities. (S. 118)

Allgemein versteht man unter einem HPWS eine Organisation, die entsprechende Managementpraktiken (HPWP) anwendet, um durch Verbesserung der Fertigkeiten und Kenntnisse und einem erhöhten Engagement der Angestellten einen Anstieg des Unternehmenswertes zu schaffen (Tomer, 2001). In der Literatur werden die Ausprägungen eines HPWS nicht einheitlich beschrieben. Weitestgehend erfolgt jedoch eine Anlehnung an Pfeffer's sieben Dimensionen eines HPWS: 1) Arbeitsplatzsicherheit, 2) Selektive Personalauswahl, 3) Selbstorganisierte Gruppenarbeit und dezentralisierte Entscheidungsfindung als Grundprinzipien der Organisationsgestaltung, 4) Vergleichsweise hohes Lohnniveau mit variabel auf den Unternehmenserfolg bezogenen Anteilen, 5) Umfangreiche Weiterbildung, 6) Schwach ausgeprägte Statusmerkmale und -barrieren wie zum Beispiel Kleidung, Sprache, Bürogröße und -ausstattung und Einkommensunterschiede zwischen den einzelnen Hierarchiestufen und 7) Großzügiger Umgang mit betrieblichen Leistungs- und Finanzdaten innerhalb des Unternehmens (Pfeffer, 1998). Nach Analyse weiterer wissenschaftlicher Beiträge zum Thema HPWS können als zentrale Bausteine folgende Managementpraktiken ausgemacht werden:

High Performance Work Practices
Dezentralisierung der Entscheidungsbefugnis
Mitarbeiterbeteiligungsprogramme
Teamwork / Gruppenarbeit
Personalentwicklungsprogramme
Selektive Rekrutierung
Innerbetriebliche Aufstiegsmöglichkeiten
Leistungsbezogene Vergütung / Profit-Sharing
Interne Kommunikation

Abbildung 6: High Performance Work Practices

(Quelle: Eigene Darstellung)

Die HPWP unterscheiden sich somit deutlich zu den hierarchischen und kontrollorientierten Managementpraktiken des Asset Extraction Ansatzes. Ein wesentlicher Unterschied besteht in der Organisation und Delegation der Aufgaben im Unternehmen an die Mitarbeiter. HPWP zielen im Wesentlichen darauf ab, die Trennung des Denk- und Überwachungsprozesses von dem Wertschaffungsprozess aufzuheben. Diese Trennung entsteht bei einer Asset Extraction Strategie durch eine Aufgabenverteilung als vorgabenorientiertes Top-Down Steuerungssystem. Genau dies soll durch die HPWP verhindert werden, sodass die Angestellten des akquirierten Unternehmens beispielsweise eigenverantwortlich Arbeitsprozesse/-methoden optimieren, Optimierungspotentiale einsteuern, an Problemlösungsprozesse On-the-Job beteiligt sind, oder in Gruppen-/Teamarbeit agieren (Lawler, 1992). Dies findet dabei größtenteils ohne direkte Überwachung und Kontrolle durch das Management statt, sodass die Handlungsfreit und Eigenverantwortlichkeit der Mitarbeiter wesentlich vergrößert wird (Amess et al., 2007). Laut Applebaum wird durch diese aktive Miteinbeziehung und das selbstständiges Arbeiten der Mitarbeiter ein Betriebsklima geschaffen, das die Mitarbeiter motiviert, im Interesse der Eigentümer zu handeln, da sie sich als Teil des Unternehmens sehen (Appelbaum, 2000). Ein weiterer wesentlicher Unterschied zur Asset Extraction Strategie ist die Fokussierung auf Investitionen in das Humankapital und die Entwicklung der Fähigkeiten der Mitarbeiter. Becker zeigt, dass sich ein Anstieg des Wissens und der Fähigkeiten der Mitarbeiter positiv auf die Unternehmensperformance auswirkt (Becker, 1983). HPWS tragen dazu durch Personalentwicklungsprogramme, selektive Einstellungsverfahren (Recruiting) und innerbetriebliche Aufstiegsmöglichkeiten bei (Tomer, 2001). Zusätzlich kommt es in HPWS zur Einführung von leistungsbezogenen Entgeltsystemen, Gewinnbeteiligungen und/oder Aktienoptionen für die Mitarbeiter, um so die Einsatzbereitschaft und damit verbunden die operative Performance zu steigern (Bacon et al., 2004; Gilmore & Williams, 2006). Außerdem verbessert sich das gegenseitige Vertrauen: Ein aktiver Informationsaustausch mit den Angestellten hinsichtlich der finanziellen Ertragslage des Unternehmens, der strategischen Ausrichtung oder Kennzahlen des operativen Ergebnisses, tragen zu einer stärkeren Vertrauensbasis zwischen Management und Angestellten bei (Ebejer, 2010).

Auch die Investitionen in den Organizational Slack erfolgen verstärkt. Der Aufbau des Slacks wird hier durch eine erhöhte Ressourcen-/Kapitalbereitstellung gefördert. Bei dem Organizational Slack gilt jedoch zu berücksichtigen, dass seine innovationsfördernde Wirkung begrenzt ist (vgl. Abbildung 8). Bis zu einem bestimmten Niveau wächst das Innovationslevel mit mehr Slack an, danach ergibt sich jedoch ein negativer (innovationsfeindlicher) Zusammenhang (Nohria & Gulati, 1996).

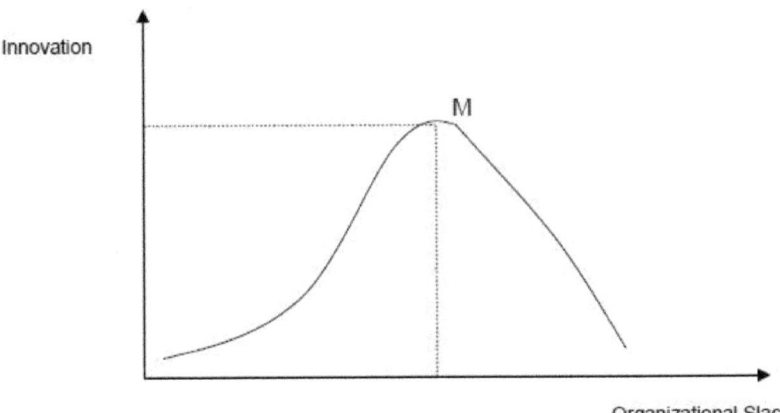

Abbildung 7: Verlauf des Organizational Slacks

(Quelle: Tiwari, 2003)

Dieser Verlauf erklärt sich dadurch, dass ein zu geringer Slack (geringer Ressourcenüberschuss) innovationsschädigend ist, weil es davon abhält, sich an Projekten mit unsicherem Ausgang zu versuchen, welche aber potentiell Innovationen hervorbringen können. Gleichzeitig ist zu viel Slack (hoher Ressourcenüberschuss) aber ebenso innovationsschädigend, weil sich dann Nachlässigkeit und Disziplinlosigkeit verbreiten, die dazu führen können, dass mehr schlechte als gute Projekte durchgeführt werden (Nohria & Gulati, 1996). Der "Überressourceneinsatz" steht im Gegensatz zum rein kostenminimierenden und effizienzsteigernden Strategieansatz von Asset Extraction.

Da die Mitarbeiter bei diesem Ansatz als zentraler Baustein für die Wertsteigerung im PU verantwortlich sind, erfolgen Personalfreisetzungen in einer gewissenhaften Form, um sich nachhaltig die Unterstützung der verbliebenen Mitarbeiter zu sichern. Man spricht in diesem Zusammenhang von einer verantwortungsvollen Umstrukturierung. Unter dieser versteht man die Einbeziehung der Mitarbeiter in den Prozess des Personalabbaus und damit verbunden eine offene und ehrliche Kommunikation über die Absichten und Maßnahmen der Restrukturierung (Cascio, 2002). Dies beinhaltet unter anderem faire Abfindungsangebote und/oder eine Outplacement Beratung (European Private Equity & Venture Venture Capital Association, 2008).

Es lässt sich festhalten, dass die Mitarbeiter nicht als bloßes Werkzeug instrumentalisiert, sondern als wertvolles und entwicklungsfähiges Humankapital anerkannt werden. Durch die HPWP soll ein Anstieg der wirtschaftlichen Ertragskraft und eine Verbesserung der Wettbewerbsfähigkeit des Unternehmens durch optimierte organisationale Arbeitsbedingungen und intensivierte Kooperationsstrukturen erreicht werden. Die hier implementierten HRM Maßnahmen sind demnach „(...) *focused on development of human capital because they need employees to use their discretionary effort to deliver innovation and quality"* (Gill, 2008, S. 5) und so überwiegend als mitarbeiterfreundlich anzusehen. Dies führt zu einem „(...) *positive-sum game"* (Bacon et al., 2013, S. 9), sodass nicht nur die PEG von den Umstrukturierungsmaßnahmen profitiert, sondern auch die Angestellten, die im Fokus der organisationalen Restrukturierung stehen (Kuhlmann, 2004). Auch wenn die Mitarbeiter bei HPWP durch Zunahme der Fähigkeiten, steigender Arbeitszufriedenheit, höherer Arbeitsplatzsicherheit und besseren Arbeitsbedingungen profitieren, ist zu berücksichtigen, dass die neuen Arbeitsprozesse und -strukturen mit steigendem Stress durch höhere Belastung aufgenommen werden und somit kontraproduktiv wirken können (Handel & Levine, 2004). Es wird unterstellt, dass bei Management Buyouts überwiegend eine Asset Renewal Strategie verfolgt wird (Rodrigues & Child, 2010).

4.2.2 Arbeitsbeziehung zwischen Management und Mitarbeitern

Im Gegensatz zur Asset Extraction Strategie, bei der das Verhältnis zwischen Management und Mitarbeitern im PU in Ausübung der organisationalen Restrukturierung nur eine untergeordnete Rolle spielt, ist bei der Asset Renewal Strategie das Arbeitsverhältnis zwischen Management und Mitarbeitern von zentraler Bedeutung. Für das Ziel, den Unternehmenswert durch ein erhöhtes Innovationsvermögen und eigeninitiatives Handeln der Mitarbeiter zu steigern, ist der Einsatz und die Kooperationsbereitschaft des Managements notwendig (Rodrigues & Child, 2010). Aus diesem Grund versucht das Management die negativen Konsequenzen, die sich aus einem Vertrauensbruch ergeben, unbedingt zu vermeiden. Um dies zu erreichen, handelt das Management im Rahmen der Restrukturierungsmaßnahmen auch nach dem Prinzip einer verantwortungsvollen Restrukturierung. Dies dient auch dem Zweck, einen Vertrauensbruch mit der bestehenden Mitarbeiterschaft nach Personalfreisetzungen zu verhindern. Das Management kommuniziert Wohlwollen und Verständnis, wodurch auch in Zukunft das Engagement und die Unterstützung durch die Mitarbeiter gesichert werden sollen (Nooteboom, 2002). Zusammenfassend lässt sich feststellen, dass eine Asset Renewal Strategie vornehmlich zu einer positiven Arbeitseinstellung und einer nachhaltigen Unterstützung der Mitarbeiter für das Management führt. Insbesondere bei einer Unternehmensübernahme mit Beteiligung des internen Managements

(MBO) ergibt sich ein positives Verhältnis zwischen Management und Mitarbeitern. Da hier das amtierende Management zum Miteigentümer des „eigenen" Unternehmens wird, besteht vornehmlich die moralische Verpflichtung, implizite Vereinbarungen weiterhin einzuhalten (Amess & Wright, 2007; Rodrigues & Child, 2010).

5 Reale Auswirkungen - Mitarbeiterebene

Die zentrale Aussage der Kritiker von Private Equity Transaktionen ist, dass die PEG einen kurzfristigen Gewinn auf Kosten der Angestellten erzielen. Dieser Vorwurf impliziert, dass durch einen Buyout keine reale Wertsteigerung im akquirierten Unternehmen erfolgt, sondern die generierten Profite der PEG durch Personalfreisetzungen und Lohnkürzungen erzielt werden (Ernst, 2010). Wie bereits im vorherigen Abschnitt aufgezeigt wurde, können in Abhängigkeit der gewählten Strategie der PEG unterschiedliche Konsequenzen auf das HRM im PU ausgemacht werden. Dies lässt darauf schließen, dass sich je nach Strategiewahl bzw. Anlagehorizont auch Unterschiede hinsichtlich der Veränderung von Beschäftigungsniveau und Gehalt ausmachen lassen können. Aus diesem Grund wird in dieser Arbeit auch von einer Analyse der realen Auswirkungen von Buyouts in aggregierter Form abgesehen, da eine undifferenzierte Betrachtungsweise nicht zielführend erscheint. Empirische Befunde weisen darauf hin, dass bei MBOs überwiegend eine Asset Renewal (langfristiger Anlagehorizont) und bei MBIs überwiegend eine Asset Extraction Strategie (kurzfristiger Anlagehorizont) umgesetzt wird (Bacon et al., 2004; Rodrigues & Child, 2010; Wright, Bacon & Amess, 2009a). Es erfolgt daher eine differenzierte Betrachtung der realen Auswirkungen von Buyouts unter Beteiligung eines internen (MBO) und eines externen (MBI) Management Teams, um so die realen Auswirkungen einer Asset Renewal und einer Asset Extraction Strategie darzustellen.

5.1 Beschäftigungszahlen

In diesem Abschnitt wird anhand empirischer Befunde gezeigt, wie sich die Beschäftigung in Abhängigkeit des Buyout Typs nach der Unternehmensübernahme unter Beteiligung eines internen bzw. externen Management Teams entwickelt.

5.1.1 Management Buyout (MBO)

Nach einer Studie von Amess/Wright, in der 1350 Buyouts in UK im Zeitraum von 1999 bis 2004 analysiert wurden, konnte für MBOs im ersten Jahr nach der Übernahme ein Beschäftigungsrückgang von 2,3% festgestellt werden (vgl. Abbildung 9). Allerdings folgte nach diesem Rückgang ein jährlicher Anstieg der Beschäftigungszahlen bis zum Untersuchungsende sechs Jahre nach der Übernahme. Im letzten Jahr der Studie wurde ein Beschäftigungsanstieg, im Vergleich zum Übernahmejahr, von 36,19% dokumentiert (Amess & Wright, 2007). Auch Wright et al. ermittelten in einer Untersuchung zunächst einen Beschäftigungsrückgang von 6,3%, gefolgt von einem unmittelbaren Anstieg der Beschäftigung von 1,9% (Wright, Thompson & Robbie, 1992). Diesen Verlauf der Beschäftigungsentwicklung konnte Wright in einer späteren Untersuchung von 2007 bestätigen (Wright et al., 2007). Dieser Verlauf wird in der Literatur auch als J-Kurve bezeichnet (Shapiro & Pham, 2009). Der unmittelbare Rückgang der Beschäftigung kann dahingehend erklärt werden, dass im Zuge der Restrukturierung unprofitable und nicht zum Kernbereich gehörende Geschäftsbereiche abgestoßen werden. Zusätzlich zu dem vorherigen Ergebnis stellte Cressy in einer weiteren UK Studie eine negative Beschäftigungsentwicklung bis vier Jahre nach Übernahme fest, gefolgt von einem Anstieg der Beschäftigungszahl im fünften Jahr (Cressy, Munari & Malipiero, 2011). Dies zeigt, dass der positive Trend gegebenenfalls auch erst nach einem gewissen Zeitraum eintreten kann. In einer US Studie wurde von Davis festgestellt, dass MBOs 6% mehr *Greenfield Jobs*, d.h. Jobs in neuen Geschäftsbereichen, generieren als eine Vergleichsgruppe von non-MBOs (Auel, 2014; Davis, Haltiwanger, Jarmin, Lerner & Miranda, 2011). Dies spiegelt die strategische Ausrichtung der Asset Renewal Strategie wider, durch Innovation neue Geschäftsbereiche zu erschließen und so zum Wachstum des PU beitragen. Weiter können Wright et al. ein Beschäftigungswachstum nachweisen, das 0,51% über dem einer Referenzgruppe von nichtakquirierten Unternehmen liegt (Amess & Wright, 2007).

Auf Basis dieser Ergebnisse scheint es zulässig, MBOs als einen Katalysator zur „schöpferischen Zerstörung" im Sinne von Schumpeters „Kapitalismus, Sozialismus und Demokratie" zu bezeichnen (Bacon et al., 2013). Es konnte belegt werden, dass bei MBOs unmittelbar nach der Übernahme durch personelle Restrukturierungsmaßnahmen eine Personalfreisetzung erfolgt, aber mittel- und langfristig durch die implementierte Wachstumsstrategie eine positive Beschäftigungsentwicklung im Portfoliounternehmen erreicht wird. Dies zeigt, dass ein MBO ein effektiver Mechanismus zur effizienteren Neuausrichtung des Unternehmens und der Angestellten sein kann (Siegel & Simons, 2010).

5.1.2 Management Buyin (MBI)

Es soll nun gezeigt werden, welcher Zusammenhang zwischen einer Unternehmensübernahme unter Beteiligung eines externes Management Teams und der Beschäftigungsentwicklung im PU besteht.

	Jahre nach Übernahme					
Art der Übernahme	t+1	t+2	t+3	t+4	t+5	t+6
MBO						
Beschäftigungsniveau	-2,28%	2,96%	7,47%	21,43%	26,02%	31,19%
MBI						
Beschäftigungsniveau	-10,22%	-9,70%	-11,10%	-3,35%	-5,02%	-18,26%

Abbildung 8: Beschäftigungsentwicklung MBO / MBI

(Quelle: Amess & Wright, 2007)

Bei der Untersuchung von Amess/Wright, bei der 1350 UK Buyouts im Zeitraum von 1999 bis 2004 analysiert wurden, konnte Folgendes festgestellt werden (vgl. Abbildung 9): Nach der Unternehmensübernahme unter Beteiligung eines externes Management Teams wurde im ersten Jahr post-Buyout ein Beschäftigungsrückgang von 10,22% festgestellt. Auch dies spiegelt die Veräußerung von nicht wertschöpfenden Geschäftsbereichen nach der Unternehmensübernahme wider (Amess & Wright, 2007). Im Gegensatz zu der vorher gezeigten positiven Beschäftigungsentwicklung bei MBOs, kommt es hier nicht zu einer positiven Entwicklung der Beschäftigung in den Folgejahren. Zum Ende der Untersuchung nach sechs Jahren konnte ein Beschäftigungsrückgang, im Vergleich zu Übernahmezeitpunkt, um 18,26% festgestellt werden. Weiter konnten Wright et al. einen Beschäftigungsanstieg belegen, der 0,81% unter der einer Referenzgruppe von nicht-akquirierten Unternehmen liegt (Amess & Wright, 2007). Diese Befunde unterstützen die Aussage, dass eine PEG bei Unterstützung eines MBIs eine Asset Extraction Strategie implementiert, die nicht darauf abzielt, ein nachhaltiges Unternehmenswachstum zu generieren, sondern eine Fokussierung auf eine Kosteneinsparung legt.

5.2 Gehaltsniveau

In diesem Abschnitt wird anhand empirischer Befunde untersucht, wie sich Gehälter nach einer Unternehmensübernahme für die Mitarbeiter im PU entwickeln. Auch hier erfolgt eine differenzierte Betrachtungsweise der Buyout Typen, sodass zunächst die Auswirkungen von MBOs und anschließend von MBIs analysiert werden.

5.2.1 Management Buyout (MBO)

Amess/Wright konnten in einer Studie nachweisen, dass nach der Unternehmens-übernahme das reale Gehalt durchschnittlich um 0,31% niedriger war als bei einer Vergleichsgruppe von nicht-akquirierten Unternehmen. In absoluten Zahlen bedeutet dies ein im Durchschnitt geringeres Gehalt um 104,88 € pro Arbeiter pro Jahr. Die Auswirkungen eines MBOs auf das Gehalt fallen damit gering aus (Amess & Wright, 2007). In einer weiteren Studie konnten Wright et al. feststellen, dass es ein Jahr vor und bis fünf Jahre nach der Übernahme zu einer im Durschnitt positiven Gehaltsentwicklung kommt (Wright et al., 2007). Der oben festgestellte Rückgang der Gehälter muss jedoch unter Vorbehalt betrachtet werden. Wie in der Erläuterung zu High Performance Work Systems diskutiert, kommt es bei HPWS oft zu einer Gewinnbeteiligung oder einer Eigenkapital-/Aktienbeteiligung der Mitarbeiter (Bruining et al., 2005). Diese können als Ergänzung zur regulären Gehaltszahlung implementiert werden, sodass der festgestellte Gehalts-rückgang nach einem MBO durch diese Ergänzungen faktisch kompensiert wird (Wright et al., 2009a). Insgesamt lässt dies weitestgehend die Aussage zu, dass es nach einer Unternehmensübernahme unter Beteiligung eines internen Management Teams nicht zu einer signifikant negativen Lohnentwicklung für die Mitarbeiter des PU kommt.

5.2.2 Management Buyins (MBI)

In der gleichen Studie von Amess/Wright konnte nach der Unternehmensüber-nahme unter Beteiligung eines externen Management Teams auch ein im Durch-schnitt um 0,98% geringeres Gehaltsniveau als bei einer Vergleichsgruppe von nicht-akquirierten Unternehmen festgestellt werden. In absoluten Zahlen ist das im Durchschnitt ein um 289,88 € niedrigeres Gehalt pro Arbeiter pro Jahr. Insge-samt waren somit die durchschnittlichen Gehaltskosten der Unternehmung bei MBIs deutlich geringer als bei nicht-akquirierten Firmen, sodass hier eine Koste-neinsparung zu Lasten der Mitarbeiter des PU unterstellt werden kann (Amess & Wright, 2007). Allerdings konnte in einer weiteren Studie festgestellt werden, dass es auch bei MBIs in den Folgejahren (bis 5 Jahre nach der Übernahme) zu einer positiven Entwicklung der Gehälter kommt (Wright et al., 2007). Aufgrund des positiven Trends scheint es unangebracht einen ausschließlich negativen Zu-sammen zu unterstellen. Es ist daher vorbehaltlich zulässig, einen leicht negativen Zusammenhang zwischen MBI und Gehaltsentwicklung im akquirierten Unter-nehmen zu unterstellen.

5.3 Ergebnis

Die empirischen Befunde bestätigen weitestgehend die Ausführungen zur Asset Renewal bzw. Asset Extraction Strategie. Die unterm Strich positive Entwicklung von Gehalts- und Beschäftigungsniveau bei MBOs (Asset Renewal) zeigt, dass hier eine Steigerung des Unternehmenswertes grundsätzlich nicht zu Lasten der Mitarbeiter generiert werden soll, sondern vielmehr durch ein langfristiges und nachhaltiges Wachstum des PU. In der Literatur spricht man in diesem Zusammenhang auch von einer *Buy-and-Build-Strategie* (Bacon et al., 2013, S.11). Bei einem MBI (Asset Extraction) dagegen ist die Fokussierung auf Kosteneinsparungen zu erkennen. Hier wird die Reduzierung von Beschäftigung und Gehältern dazu genutzt, das Betriebsergebnis zu verbessern und somit eine positive Entwicklung des Unternehmenswertes zu erzielen. Durch die besprochenen Ergebnisse konnte dargestellt werden, dass Unternehmensübernahmen durch PEG nicht allgemeingültig als ein Nullsummenspiel, bei dem ein Anstieg des Unternehmenswertes auf Kosten der Angestellten realisiert wird, angesehen werden dürfen. Um die Konsequenzen von einer Private Equity-Beteiligung auf das HRM hinreichend zu bestimmen, ist es daher erforderlich, zwischen der Dauer des Anlagehorizonts der PEG zu differenzieren.

6 Fazit

Das Ziel dieser Bachelorarbeit war es, aufzuzeigen, welche Konsequenzen sich nach einer Unternehmensübernahme durch eine Private Equity Gesellschaft für das Management und die Mitarbeiter des akquirierten Unternehmens ergeben.

Potentielle Interessensdivergenzen zwischen dem Management des akquirierten Unternehmens und der Private Equity Gesellschaft erfordern eine aktive Einflussnahme der Private Equity Gesellschaft auf das Management. Dies geschieht durch das Setzen finanzieller Anreize in Form von Eigenkapitalbeteiligungen und/oder leistungsbezogener Entgeltsysteme für das Management. Eine weitere Möglichkeiten zur Interessenangleichung sind Monitoring, Mentoring oder der Austausch des Managements bzw. Teilen desselbigen. Auch die Wahl einer hohen Fremdkapitalquote bei der Unternehmensübernahme wurde als Kontrollinstrument der Private Equity Gesellschaft identifiziert, da durch hohe Zins- und Tilgungszahlungen die Handlungsfreiheit für das Management weiter begrenzt werden kann. Der Zweck dieser Maßnahmen ist es, ein opportunistisches bzw. unternehmensschädliches Handeln des Managements zu unterbinden, sodass dieses im Interesse der Private Equity Gesellschaft handelt.

Was die Mitarbeiter des akquirierten Unternehmens betrifft, so konnte gezeigt werden, dass eine Differenzierung der Private Equity Gesellschaften notwendig ist, um eine profunde Analyse der Konsequenzen für die Mitarbeiter zu geben. Es muss danach differenziert werden, welche Strategie eine Private Equity Gesellschaft verfolgt, um eine Wertsteigerung des akquirierten Unternehmens zu erzielen. Dabei konnte ein Unterschied zwischen einer Asset Extraction (kurzer Anlagehorizont) und einer Asset Renewal Strategie (langer Anlagehorizont) festgestellt werden. Bei der Asset Extraction Strategie wird ein Anstieg des Unternehmenswertes weitestgehend durch Kosteneinsparungen erreicht. Dies beinhaltet überwiegend negative Implikationen für die Mitarbeiter des Unternehmens, unter anderem Personalfreisetzungen, Gehaltskürzungen und Arbeitsintensivierung. Allgemein können hier aggressivere Restrukturierungsmaßnahmen und die Nichteinhaltung implizierter Vertragsvereinbarungen festgestellt werden. Im Gegensatz dazu resultieren bei einer Asset Renewal Strategie vornehmlich positive Folgen für die Mitarbeiter. Hier wird ein Wertanstieg des akquirierten Unternehmens durch ein nachhaltiges Unternehmenswachstum erreicht. Dies bedingt, unter anderem, verstärkte Investitionen in das Humankapital und die Implementierung von High Performance Work Practices (HPWP) im akquirierten Unternehmen.

Wie die Ausführung dieser Arbeit in Übereinstimmung mit aktuellen personal-wirtschaftlichen Forschungsergebnissen zeigt, dürfen Private Equity Gesellschaften hinsichtlich ihrer Konsequenzen auf das HRM nicht ausschließlich als „Heu-schrecken" stereotypisiert werden. Vielmehr ist eine Heterogenität von Private Equity Gesellschaften anzuerkennen. Für eine umfassende Beurteilung von Private Equity Gesellschaften muss somit eine differenzierte Betrachtung der Strate-gie bzw. des Anlagehorizonts erfolgen.

7 Literaturverzeichnis

Acharya, V., Gottschalg, O., Hahn, M. & Kehoe, C. (2013). Corporate Governance and Value Creation: Evidence from Private Equity. *Review of Financial Studies, 26* (2), 388–402.

Achleitner, A.-K. (2001). *Entrepreneurial Finance – eine konzeptionelle Einführung*. München: DtA-Stiftungslehrstuhl für Entrepreneurial Finance, Technische Universiät München.

Amess, K., Brown, S. & Thompson, S. (2007). Management Buyouts, Supervision and Employee Discretion. *Scottish Journal of Political Economy, 54* (4), 447–474.

Amess, K. & Wright, M. (2007). The Wage and Employment Effects of Leveraged Buyouts in the UK. *International Journal of the Economics of Business, 14* (2), 179–195.

Appelbaum, E. (2000). *Manufacturing advantage. Why high-performance work systems pay off*. Ithaca: Cornell University Press.

Appelbaum, E. & Batt, R. (2012). A Primer on Private Equity at Work. Management, Employment, and Sustainability. *Challenge, 55* (5), 5–38.

Asel, J. (2010). *Wertgenerierung und Steuerung von Portfoliounternehmen durch Private Equity und Venture Capital Investoren*. Hamburg: Diplomica Verlag.

Auel, N. (2014). *Finanzinvestoren im Schatten der Finanzkrise: Die Auswirkungen der Kreditkrise auf die Private Equity Industrie*. Hamburg: Igel Verlag.

Bacon, N. & Blyton, P. (2000). High Road and Low Road Teamworking: Perceptions of Management Rationales and Organizational and Human Resource Outcomes. *Human Relations, 53* (11), 1425–1458.

Bacon, N., Wright, M., Ball, R. & Meuleman, M. (2013). Private Equity, HRM, and Employment. *The Academy of Management Perspectives, 27* (1), 7–21.

Bacon, N., Wright, M. & Demina, N. (2004). Management Buyouts and Human Resource Management. *British Journal of Industrial Relations, 42* (2), 325–347.

Bacon, N., Wright, M., Meuleman, M. & Scholes, L. (2012). The Impact of Private Equity on Management Practices in European Buy-outs: Short-termism, Anglo-Saxon, or Host Country Effects? *Industrial Relations: A Journal of Economy and Society, 51* (S1), 605– 626.

Baker, G. & Wruck, K. (1989). Organizational changes and value creation in leveraged buyouts: The case of the O.M. Scott & Sons Company. *Journal of Financial Economics, 25* (2), 163–190.

Baker, G. P. & Smith, G. D. (1998). *The new financial capitalists. Kohlberg Kravis Roberts and the creation of corporate value.* Cambridge: Cambridge University Press.

Becker, G. S. (1983). Investment in Human Capital: Effects on Earnings. In G. S. Becker (Hrsg.), *Human capital. A theoretical and empirical analysis, with special reference to education* (2nd ed., S. 13–44). Chicago: University of Chicago Press.

Berg, A. & Gottschalg, O. (2005). Understanding Value Generation in Buyouts. *Journal of Restructuring Finance, 2* (1), 9–37.

Bild am Sonntag (2005, 17. April). Interview mit Franz Müntefering.

Börsch, A. (2004). Globalisation, shareholder value, restructuring: the (non)_ transformation of Siemens. *New Political Economy, 9* (3), 365–387.

Boué, A. R., Kehlbeck, H. & Leonhartsberger-Heilig, W. (2012). *Basiswissen Private Equity. Was Praktiker über externe Eigenkapitalfinanzierung wissen müssen* (Fachbuch Wirtschaft). Wien: Linde.

Bruining, H., Bonnet, M. & Wright, M. (2004). Management control systems and strategy change in buyouts. *Management Accounting Research, 15* (2), 155–177.

Bruining, H., Boselie, P., Wright, M. & Bacon, N. (2005). The impact of business ownership change on employee relations: buy-outs in the UK and The Netherlands. *The International Journal of Human Resource Management, 16* (3), 345–365.

Bruining, H. & Wright, M. (2002). Entrepreneurial orientation in management buy-outs and the contribution of venture capital. *Venture Capital: An International Journal of Entrepreneurial Finance, 4* (2), 147–168.

Büdenbender, U. & Strutz, H. (2011). *Gabler, Kompaktlexikon Personal. Wichtige Begriffe zu Personalwirtschaft, Personalmanagement, Arbeits- und Sozialrecht* (3. komplett überarb. Aufl.). Wiesbaden: Gabler.

Bundesverband Deutscher Kapitalbeteiligungsgesellschaften. (2010). *Überblick über die*

Entwicklung der wichtigsten europäischen Private Equity Märkte. Private Equity in Europa 2010. Zugriff am 09.05.2014. Verfügbar unter

http://www.bvkap.de/privateequity.php/cat/179/aid/694/title/BVKSpecial__Private_Equity_in_Europa

Bundesverband Deutscher Kapitalbeteiligungsgesellschaften. (2012). *Eine Analyse der Beteiligungsdauer bei Private Equity-Finanzierungen in Deutschland. BVK-Studie*, Berlin.

Bundesverband Deutscher Kapitalbeteiligungsgesellschaften. (2014). *Halbjährliche Private*

Equity Investitionen in Deutschland seit 2008, Bundesverband Deutscher Kapitalbeteiligungsgesellschaften. Zugriff am 15.05.2014. Verfügbar unter http://www.bvkap.de/privateequity.php/cat/172/title/Interaktive_Charts

Busack, M. & Kaiser, D. (2006). *Handbuch alternative Investments* (Bd. 2,). Wiesbaden: Gabler.

Cascio, W. F. (2002). *Responsible restructuring. Creative and profitable alternatives to layoffs* (1st ed.). San Francisco, CA: Berrett-Koehler.

Cendrowski, H., Petro, L., Martin, J. & Wadecki, A. (2012). *Private Equity. History, Governance, and Operations* (2nd ed.). New Jersey: John Wiley & Sons, Inc.

Child, J., Faulkner, D. & Pitkethly, R. (2003). *The management of international acquisitions.*

Oxford: Oxford University Press.

Clark, I. (2009). The private equity business model and associated strategies for HRM:

evidence and implications? *The International Journal of Human Resource Management, 20* (10), 2030–2048.

Cotter, J. & Peck, S. (2001). The structure of debt and active equity investors: The case of the buyout specialist. *Journal of Financial Economics, 59* (1), 101–147.

Cressy, R., Munari, F. & Malipiero, A. (2011). Creative Destruction? UK Evidence that Buyouts Cut Jobs to Raise Returns. *Venture Capital: An International Journal of Entrepreneurial Finance, 13* (1), 1–13.

Cumming, D., Siegel, D. & Wright, M. (2007). Private equity, leveraged buyouts and governance. *Journal of Corporate Finance, 13* (4), 439–460.

Cumming, D. (2012). *The Oxford Handbook of Private Equity.* New York: Oxford University Press, Inc.

Davidson, J. C. (2005). *MBO mittels Private Equity. Empirische Analyse der Schweizer Praxis.* Bern: Haupt Verlag.

Davis, S., Haltiwanger, J., Jarmin, R., Lerner, J. & Miranda, J. (2011). *Private Equity and Employment. Working Paper.* Cambridge: National Bureau of Economic Research.

Demaria, C. (2013). *Introduction to private equity. Venture, growth, LBO et turn-around capital* (2nd ed.). Chichester: Wiley.

Diem, A. (2013). *Akquisitionsfinanzierungen. Kredite für Unternehmenskäufe ; Handbuch* (3. Aufl). München: Beck.

Easterwood, J., Seth, A. & Singer, R. (1989). The Impact of Leveraged Buyouts on Strategic Direction. *California Management Review, 32* (1), 30–43.

Ebejer, C. (2010). *High performance work practices.* Zugriff am 14.06.2014. Verfügbar unter http://www.timesofmalta.com/articles/view/20100404/business/high-performance-workpractices.301105

Eilenberger, G. & Haghani, S. (2008). *Unternehmensfinanzierung zwischen Strategie und Rendite.* Berlin: Springer.

Ernst, S. (2010). *Die ökonomischen Auswirkungen von Private Equity Investoren.* Lohmar: Josef Eul Verlag GmbH.

Ernst & Young. (2006). *How Do Private Equity Investors Create Value? A Study of 2006 Exits in the US and Western Europe.* Zugriff am 07.05.2014. Verfügbar unter http://www.pegcc.org/wordpress/wp-content/uploads/how-do-private-equity-investorscreate-value_ernstyoung_global_report_.pdf

Espino-Rodríguez, T. & Padrón-Robaina, V. (2006). A review of outsourcing from the resource-based view of the firm. *International Journal of Management Reviews, 8* (1), 49– 70.

European Private Equity & Venture Venture Capital Association. (2008). *The Impact of Private Equity-backed Buyouts on Employee Relations. Research Paper*, Brüssel.

Fama, E. & Jensen, M. (1985). Organizational forms and investment decisions. *Journal of Financial Economics, 14* (1), 101–119.

Farschtschian, P. (2010). *Private Equity für die Herausforderungen der neuen Zeit.*

Strategische Innovation für das Funktionieren von Private Equity im 21. Jahrhundert. Frankfurt am Main: Campus Verlag GmbH.

Feldheim, M. A. & Liou, K. T. (1998). Downsizing Trust. *Management Accounting Research, 2* (3), 55–67.

Felger, S. & Paul-Kohlhoff, A. (2004). *Human Resource Management. Konzepte, Praxis und Folgen für die Mitbestimmung.* Düsseldorf: Hans-Böckler-Stiftung.

Fox, I. & Marcus, A. (1992). The Causes and Consequences of Leveraged Management Buyouts. *The Academy of Management Review, 17* (2), 62–85.

Geidner, A. (2009). *Der Wandel der Unternehmensführung in Buyouts. Eine Untersuchung Private-Equity-finanzierter Desinvestitionen.* Wiesbaden: GWV Fachverlage GmbH.

Gietl, R., Landau, C. & Hungenberg, H. (2004). *Einflussnahme von Private Equity-*

Gesellschaften auf ihre Portfoliounternehmen und deren Entwicklung nach einem Buyout. Deskriptive Ergebnisse einer Befragung europäischer Portfoliounternehmen, ErlangenNürnberg.

Gill, C. (2008). *High and Low Road Approaches to the management of Human Resources: An Examination of the Relationship between Business Strategy, Human Resource Management and High Performance Work Practices*, Melbourne.

Gilmore, S. & Williams, S. (2006). *Human Resource Management* (2nd ed.). Oxford: Oxford University Press.

Handel, M. & Levine, D. (2004). The Effects of New Work Practices on Workers. *Industrial Relations: A Journal of Economy and Society, 43* (1), 1–43.

Hehn, M. (2011). *Auswirkungen der Beteiligung von Private Equity Gesellschaften auf die Governance von Familienunternehmen in Deutschland.* Lohmar: Josef Eul Verlag GmbH.

International Trade Union Confederation. (2007). *Where the house always wins: Private Equity, Hedge Funds and the new Casino Capitalism,* Brüssel.

Jensen, M. (1986). Agency Costs of Free Cash Flow, Corporate Finance, and Takeovers. *The American Economic Review, 76* (2), 323–329.

Jensen, M. (1989). Eclipse of the Public Corporation. *Harvard Business Review, 67* (5), 61– 74.

Jensen, M. (1993). The Modern Industrial Revolution, Exit, and the Failure of Internal Control Systems. *The Journal of Finance, 48* (3), 831–880.

Jepsen, T. (2007). *Die Entlohnung des Managements beim (leveraged) management buy-out. Gestaltung aus ökonomischer und steuerlicher Sicht.* Hamburg: Kovač.

Katzer, T. (2007). *Buyouts. Die Rolle von Finanzinvestoren bei der Wertgenerierung ihrer Beteiligungsunternehmen.* Bremen: Salzwasser Verlag GmbH.

Kester, C. & Luehrman, T. (1995). Rehabilitating the leveraged buyout. *Harvard Business Review, 73* (3), 119–130.

Kitzmann, J. (2005). *Private Equity in Deutschland. Zur Performance von Management Buyouts.* Wiesbaden: Dt. Univ.-Verl.

Kuhlmann, M. (2004). *Konzepte innovativer Arbeitspolitik. Good-practice-Beispiele aus dem Maschinenbau, der Automobil-, Elektro- und Chemischen Industrie.* Berlin: Edition Sigma.

Landau, C. (2010). *ertschp fungs eitr ge urch rivate-Equity-Gesellschaften. Empirische Untersuchung Europäischer Spin-off-Buyouts.* Wiesbaden: Gabler.

Lawler, E. E. (1992). *The ultimate advantage. Creating the high-involvement organization* (1st ed.). San Francisco, Calif: Jossey-Bass.

Leclere, L. (2013). *Der Rentenkollaps in die Altersarmut - Warum uns Vater Staat mit Riester und Rürup in die Altersarmut treibt.* Möckmühl: PROCS Verlag.

Lucht, T. (2007). *Strategisches Human-resource-Management. Ein Beitrag zur Revision des Michigan-Ansatzes unter besonderer Berücksichtigung der Leistungsbeurteilung*. München: Hampp.

Masulis, R. & Thomas, R. (2009). Does Private Equity Create Wealth? The Effects of Private

Equity and Derivatives on Corporate Governance. *The University of Chicago Law Review, 76* (1), 219–259.

Meier, D., Hiddemann, T. & Brettel, M. (2006). Wertsteigerung bei Buyouts in der Post

Investment-Phase - der Beitrag von Private Equity-Firmen zum operativen Erfolg ihrer Portfoliounternehmen im europäischen Vergleich. *Zeitschrift für Betriebswirtschaft, 76* (10), 1035–1066.

Michael Hedtstück. (2013). *Starkes Jahr für Private Equity*. Zugriff am 12.05.2014. Verfügbar unter http://www.finance-magazin.de/geld-liquiditaet/eigenkapital/starkes-jahrfuer-private-equity)

Muscarella. Chris & Vetsuypens, M. (1990). Efficiency and Organizational Structure: A Study of Reverse LBOs. *The Journal of Finance, 45* (5), 1389–1413.

Nadler, D., Gerstein, M. S. & Shaw, R. B. (1992). *Organizational architecture. Designs for changing organizations* (1st ed.). San Francisco: Jossey-Bass.

Nohria, N. & Gulati, R. (1996). Is Slack Good or Bad for Innovation? *Academy of Management Journal, 39* (5), 1245–1264.

Nooteboom, B. (2002). *Trust. Forms, foundations, functions, failures and figures*. Cheltenham: Edward Elgar.

Pfeffer, J. (1998). *The human equation. Building profits by putting people first*. Boston: Harvard Business School Press.

Phan, P. & Hill, C. (1995). Organizational Restructuring And Economic Performance In Leveraged Buyouts: An Ex Post Study. *Academy of Management Journal, 38* (3), 704– 739.

Ravenscraft, D. & Long, W. (1993). *The Financial Performance of Whole Company LBOs. Working Paper.* : U.S. Census Bureau, Center for Economic Studies.

Robbie, K. & Wright, M. (1996). *Management buy-ins: entrepreneurship, active investors, and corporate restructuring.* Manchester: Manchester University Press.

Robinson, S. (1996). Trust and Breach of the Psychological Contract. *Administrative Science Quarterly, 41* (4), 574–599.

Rodrigues, S. & Child, J. (2010). Private equity, the minimalist organization and the quality of employment relations. *Human Relations, 63* (9), 1321–1342.

Roger, P., Holland, T. & Haas, D. (2002). Value Acceleration: Lessons from Private-Equity Masters. *Harvard Business Review, 80* (6), 94–103.

RWB PrivateCapital Emissionshaus AG. (o.J.). *Was ist Private Equity.* Zugriff am

08.05.2014. Verfügbar unter http://www.rwb-ag.de/de/21hwas_a.php

Seeburger, P. (2010). *Die Performance der IPOs von Leveraged Buyouts. Eine Untersuchung theoretischer und empirischer Erklärungsansätze zur Messung der Wertentwicklung und operativen Performance von LBO-backed IPOs.* Frankfurt am Main: Lang.

Shapiro, R. & Pham, N. (2009). *The Impact of Private Equity Acquisitions and Operations On Capital Spending, Sales, Productivity, and Employment.*

Sharp, G. & Shinder, A. (2003). *Buyouts. A guide for the management team.* London: Euromoney Books and Montagu Private Equity.

Shleifer, A. & Summers, L. (1988). Breach of trust in hostile takeovers. In A. J. Auerbach (Hrsg.), *Corporate takeovers. Causes and consequences* (S. 33–68). Chicago: University of Chicago Press.

Shleifer, A. & Vishny, R. (1997). A survey of corporate governance. *The Journal of Finance, 52* (2), 737–783.

Siegel, D. & Simons, K. (2010). Assessing the effects of mergers and acquisitions on firm performance, plant productivity, and workers: newl evidence from matched employeremployee data. *Strategic Management Journal, 31* (8), 903–916.

Smith, A. (1990). The Effects of Leveraged Buyouts. *Business Economics, 25* (2), 19–25.

Stahl, K. & Hoffelner, M. (o.J.). *Management-Buy-Out: Ein Fallbeispiel.* Zugriff am 08.05.2014. Verfügbar unter http://www.iww.de/bbp/archiv/finanzierung-managementbuy-out-ein-fallbeispiel-f35348

Talmor, E. & Vasvari, F. (2011). *International private equity. A case study textbook.* Chichester: Wiley-Interscience.

The Party of European Socialists. (2007). *Hedge Funds and Private Equity. A critical Analysis.* Zugriff am 10.06.2014. Verfügbar unter http://www.nyrup.dk/cgibin/nyrup/uploads/media/Hedgefunds_web.pdf

Thompson, S., Wright, M. & Robbie, K. (1992). Management equity ownership, debt and performance: some evidence from UK management buyouts. *Scottish Journal of Political Economy, 39* (4), 413–430.

Tiwari, R. (2003). *Innovationsmanagement: Kann Organizational Slack zur Innovation führen? Working Paper.* Hamburg: Universität Hamburg.

Tomer, J. (2001). Understanding high-performance work systems: the joint contribution of economics and human resource management. *The Journal of socio-economics, 30* (1), 63– 73.

Vogt, O. (2009). *Private Equity aus Investorensicht. Eine attraktive Geldanlage?* Hamburg: Diplomica Verlag.

Weber, N. (2006). *Private-equity-Investments in Buy-outs von Konzerneinheiten. Eine theoretische und empirische Analyse.* Frankfurt am Main: Frankfurt School Verlag.

Weitnauer, W. (2013). *Management Buy-Out. Handbuch für Recht und Praxis* (2. Aufl.). München: Beck.

Wilson, N. & Wright, M. (2012). *Private Equity, buyouts and insolvency risk. CMBOR Working Paper.* London: Centre for Management Buy-out Research.

Wirtz, B. W. (2006). *Handbuch Mergers & Acquisitions Management.* Wiesbaden: Gabler.

Wright, M., Bacon, N. & Amess, K. (2009a). The Impact of Private Equity and Buyouts on Employment, Remuneration and other HRM Practices. *Journal of Industrial Relations, 51* (4), 501–515.

Wright, M., Bacon, N. & Amess, K. (2009b). The Impact of Private Equity and Buyouts on Employment, Remuneration and other HRM Practices. *Journal of Industrial Relations, 51* (4), 501–515.

Wright, M., Burrows, A., Ball, R., Scholes, L., Meuleman, M. & Amess, K. (2007). *The implications of alternative investment vehicles for corporate governance: A survey of empirical research.* : Centre for Management Buy-out Research, Imperial College Business School.

Wright, M., Hoskisson, R., Busenitz, L. & Dial, J. (2000). Entrepreneurial Growth Through Privatization: The Upside of Management Buyouts. *Academy of Management Review, 25* (3), 591–601.

Wright, M., Hoskisson, R., Busenitz, L. & Dial, J. (2001). Finance and management buyouts: Agency versus entrepreneurship perspectives. *Venture Capital: An International Journal of Entrepreneurial Finance, 3* (3), 239–261.

Wright, M., Thompson, S. & Robbie, K. (1992). Venture capital and management-led, leveraged buy-outs: A European perspective. *Journal of Business Venturing, 7* (1), 47–71.

Wright, M., Wilson, N. & Robbie, K. (1994). Restructuring and Failure in Buy-outs and Buy ins. *Business Strategy Review, 5* (2), 21–40.

Yates, G. & Hinchliffe, M. (2010). *A practical guide to private equity transactions* (Law practitioner series). Cambridge, U.K: Cambridge University Press.

Zipser, D. (2008). *Wertgenerierung von Buyouts. Der Einfluss des Investitionsverhaltens von Fondsmanagern auf die Rendite von Buyouts.* Wiesbaden: Gabler.